「예술가를 꿈꾸는 장애인을 위한 로드맵」

국악인 이지원

에헤라디야, 함께 가자

"

우리 모두는 함께 한다.

we are all in this together

"

코로나19 팬데믹을 겪으면서 우리는 서로가 서로에게 상호의존적인 존재임을 또렷이 알게 됐다. 지원과 지원 의 가족 역시, 장애인으로, 장애 가족으로 살면서 누구 보다도 절실하게 느끼고 있었다. 지원이, 우리 모두가, 혼자는 살아갈 수 없다는 걸. 그래서 영식의 최종 꿈은 "지원이를 비롯해 모두가 함께 더불어 사는 세상"이다.

CONTENTS

「예술가를 꿈꾸는 장애인을 위한 로드맵」

국악인 이지원

에헤라디야,
함께 가자

1부

〜〜〜〜〜

들어가며

'예술가를 꿈꾸는 장애인을 위한 로드맵'

또 다른 '지원이들'이 기댈 수 있는 어깨가 되길

장애도라는 섬이 있다. 장애인과 그 부모가 자의 반 타의 반으로 갇혀 산다는 섬. 얼마 전 개봉한 영화 〈그녀에게〉에 등장하는 이 말은 원작 에세이 류승연 작가의 『사양합니다, 동네 바보형이라는 말』에서 가져온 것이기도 하다. 영화는 자폐성 발달장애아의 어머니가 장애도에 갇혀 고립되었던 생활에서 벗어나 "내 아이는 오래 사랑 받을 사람 '장애인(長愛人)'"이라고 말할 수 있게 되기까지의 이야기를 그리고 있다.

이 책 역시, 한때 장애도라는 섬에 갇혀 있던 장애인과 그의 가족들에 대한 이야기를 담고 있다. 그들이 섬에 갇혔던 이유는 무엇일까, 그리고 어떻게 섬 밖으로 나올 수 있었을까. 섬에 갇힌 이유도 섬 밖으로 나올 수 있었던 계기도, 모두 오로지 그들만의 의지 혹은 문제였을까. 이쯤에서 우리는 세상에 혼자만의 힘으로 살 수 있는 사람은 없다는, 진부하지만 누구도 반박하기 어려운 진리를 떠올리지 않을 수 없다.

충남문화관광재단은 '제1차 장애예술인 문화예술활동지원 기본계획(문체부, 2022)' 등에 의거, 장애인을 위한 문화예술교육의 접근 기회가 부족한 현실에 공감하며 장애인 문화예술 특성화 교육과정에 대한 가이드북 개발의 필요를 인지하게 되었다. 그리하여 장애인의 문화예술활동이 장애인 복지를 넘어 장애예술인으로서의 작품발표 기회와 유통은 물론 일자리 확보 등으로 이어질 수 있는 성장 로드맵 제시를 목적으로 '예술가를 꿈꾸는 장애인을 위한 로드맵 발간' 사업을 2024년 신설 기획하였다.

이 같은 사업 배경과 목적 아래, 충남문화관광재단은 심의위원회를 통해 국악분야의 구술 채록 대상자로 이지원 님을 선정하였다. 이지원 님은 선천성 발달장애를 가진 장애예술인으로, 어린 시절부터 꾸준히 음악 공부에 매진해 왔으며, 다양한 무대 경험을 거쳐 국가무형유산 경기민요의 전수자 자격을 갖춘 국악인으로 활발한 활동을 이어가고 있다는 점이 선정에 중요한 영향을 미쳤다. 특히 활발한 국내외 예술 활동, 작품 발표와 더불어 꾸준한 자기 계발과 성장을 위한 고등교육기관의 진학 등이 성장 로드맵의 사례로 주목되었다.

구술채록 대상자의 선정 이후 재단은 구술채록가, 구술자와 구술자 가족, 재단 담당자 등으로 이뤄진 기획단을 구성함과 동시에 장애예술인, 장애예술 교육자 등 전문가로 자문위원단을 구성하고 본격적인 조사 연구를 시작하였다. 본 책의 집필을 위해 구술자와 구술자 가족을 대상으로 총 6회에 걸친 구술 채록 인터뷰가 진행되었다. 이밖에도 구술자의 예술 활동과 장애예술계의 생태에 대한 이해를 돕기 위해, 구술자의 스승인 국악인 이춘희 명창과 한국장애예술인협회 방귀희 회장을 구술 대상자로 추가 선정하여 구술 채록 및 연구가 함께 이루어졌다.

앞서 사업의 배경과 목적에 대한 설명에서도 언급되었듯, 이 책은 '성공한 장애예술인의 생애'를 기록하는 구술채록에서 나아가, 장애예술인으로 성장하는 데 필요한 교육과정과 예술계 입문 프로세스 등을 구체적인 사례를 통해 제시하는 데에 초점을 두고 있다. 다시 말해 이 사업은 한 개인의 사례를 통해 이와 유사한 꿈을 꾸는 예비 장애예술인들에게 유용한 가이드북을 제시하고자 마련되었다. 따라서 본 책은 몇 가지 특징 및 의미를 담고 있다. 첫째, 본문에 해당하는 2장에서는 장애예술인 당사자와 가족의 구술을 토대로 이지원의 출생부터 국악인으로 성장한 현재에 이르기까지 시간의 흐름에 따라 기술하는 연대기적 서술 방법을 기본으로 작성되었다.

둘째, 본 연구는 이지원의 생애사를 통해 국악인으로 성장하는 데에 필요한 교육 과정과 문화예술계의 입문 및 직업인으로서의 예술 활동 프로세스를 집중적으로 보여주는 데 주요 목적을 두고 있다. 따라서 2장 이지원의 가족생애사에 등장하는 구체적인 프로세스를 알아보기 쉽게 편집하여 관련된 정보를 3장에 보다 자세한 설명과 함께 수록하였다. 따라서 독자들은 2장을 통해 이지원의 연대기적 생애사를 따라 읽으며 곳곳에 등장하는 정보들 중 자신에게 필요한 정보를 3장에서 바로 찾아볼 수 있다.

셋째, 구술생애사는 구술자가 직접 자신의 생애를 돌이켜보고 이야기함으로써 자신의 생애를 재해석하는 과정이기도 하다. 특히 이 책은 장애인 가족 생애사라는 점에서 장애인 당사자는 물론이고 그의 가족들이 자신들의 지난 생애를 되돌아보고 이야기하는 과정을 통해 가족의 생애사를 재해석함과 동시에 그 과정에서 과거의 상처나 트라우마를 치유하는 기회를 갖기도 하였다. 이는 다시, 이와 유사한 입장에 있는 장애인 또는 장애예술인과 그 가족, 그 밖의 독자들에게 공감과 연대의 기회를 마련하며 장애예술에 대한 사회적 가치 확산에 기여할 것으로 기대된다.

채록연구가로 이지원과 그의 가족을 구술 채록하고 연구, 집필하며 느낀 몇 가지 인상적인 면이 있었다. 그 중 하나는 바로 지원이 '장애'라는 편견이나 지나친 일반화 혹은 대상화라는 틀에 갇히지 않고 한 개인의 역량과 개성을 중시하는 삶을 살아왔다는 것이다. 음악에 대한 흥미와 소질을 발견한 후, 지원은 자신이 무엇을 할 때 즐거운지, 얼마나 그 일에 오래도록 집중하고자 하는지를 스스로 끊임없이 증명해냈다. 가족은 물론 지원의 음악 교육을 담당했던 지도자들 역시, 지원을 '장애인'이 아닌 '예비 예술인'으로 교육하며 성장을 도왔다. 이는 다시 이지원의 생애가 주로 당사자의 한계 측면에서 다루어지는 제도적, 치료적 관행으로 인한 정적이고 동질적인 집단의 하나로 '장애인'을 바라보는 시선에서 벗어날 수 있게 하였다.

다만, 본 연구의 주요 목적이 '성장 로드맵' 제시에 있다는 점에서, 장애예술인으로서 이지원 당사자의 구술보다는 조력자인 부모의 구술인터뷰에 대한 의존도가 높게 진행되었다. 특히 어떤 대회, 무슨 제도와 정책을 통해 지원이 무대에 설 수 있었는지, 또 어떤 단체를 통해 구체적인 도움과 정보를 제공받을 수 있는지를 제시하는 것이 본 연구의 중요한 과업이었기 때문이다. 따라서 본 연구에서는 독립적인 예술가로서 지원의 목소리를 청취하는 데에는 다소 부족했으며 이로 인한 한계가 있음을 밝힌다. 다만 이는 어디까지나 본 연구의 주요 목적이 예비 예술인을 위한 구체적인 정보를 제공하는 로드맵에 방점을 두고 있기 때문이라는 사실을 다시 한 번 밝힌다.

마지막으로 의미 있는 연구를 기획하고 함께 할 수 있도록 기회를 주신 충남문화관광재단 서흥식 대표이사님과 이지원 문예진흥본부장님, 손지영 예술인복지팀장님, 조혜빈 주임님과 임직원 여러분, 다시 꺼내어 봐도 가슴 아픈 개인사가 포함되어 있음에도 불구하고 더 많은 장애 예술인과 더불어 살고자 하는 마음으로 솔직한 이야기를 구술해 준 이지원 님과 그의 가족분들에게 감사와 존경의 마음을 전한다. 또 바쁜 와중에도 시간을 내어 인터뷰에 응해주신 이춘희 명창님과 한국장애예술인협회 방귀희 회장님, 그리고 권지현, 박승희, 이미경, 최선영, 홍혜전 자문위원님들과 추천사로 함께 해주신 가수 김장훈님, 국악인 남상일님, 한국장애인고용공단 이종성 이사장님께도 감사의 말씀을 드린다.

본 연구에서 지원의 삶은 '장애를 극복하여 성공한 예술인'이 아니라 '음악에 대한 사랑과 재능을 발견하고 꾸준히 계발한 장애예술인'으로 조명되고 있다. 지원이 그러한 삶을 살아갈 수 있었던 데에는, 본인의 의지와 노력도 물론 중요했지만, 그만큼 가족의 응원과 지지, 예술계 동료와 관계자들의 협업, 이 사회가 함께 만든 복지와 제도들도 큰 몫을 했다. 우리는 서로가 서로에게 상호의존적인 존재다. 이는 지원이 자신의 생애를 통해 우리에게 보여준 가장 중요한 의미이자, 본 책의 발간 목적이기도 하다. 예술인을 꿈꾸는 예비 장애인들에게 이 책이 그들의 꿈을 실현하는 길에 기댈 수 있는 따뜻한 어깨가 되길 바란다.

2024년 11월 8일

채록연구 및 집필 우현선

일러두기

1. 이 책은 〈충남문화관광재단의 2024년 충남장애예술지원사업 : 예술가를 꿈꾸는 장애인을 위한 로드맵 발간사업〉의 일환으로 제작되었습니다.

2. 〈2024년 충남장애예술지원사업 : 예술가를 꿈꾸는 장애인을 위한 로드맵 발간사업〉의 목적은 하나, 구술채록을 통한 장애예술인 성장과정 등 사료수집 둘, 단순 구술채록이 아닌 장애예술인 성장을 위한 교육과정 및 입문프로세스 등의 체계적 모델 제시를 통한 잠재적 장애예술인 진입 확장 셋, 장애예술인 콘텐츠 유통 판로개척 및 사회적 가치 확산에 있습니다.

3. 이 책은 구술 채록 자료를 바탕으로 재구성한 것입니다. 독자가 읽을 때 난해하지 않을 범위 내에서 구어체, 사투리 등을 살려 생동감을 전달하고자 하였습니다. 다만 독자의 이해를 돕기 위해 필요한 부분에만 ( )안에 연구자의 말을 넣었습니다. 구술의 시차가 있는 경우에도 가독성을 위해 별도의 표기 대신 (…)로 갈음하였습니다. 대신, 구술채록의 원문인 '전사본'은 별도로 기록하여 충남문화관광재단에서 연구자료로 보관합니다.

4. 본문은 저자(연구자) 시선에서 독자에게 구술자의 생애사를 전달하는 스토리텔링 형식으로 작성하였습니다. 가급적 전사본에 충실하되, 독자의 이해를 돕기 위한 저자의 해설과 연구 결과를 덧붙였습니다.

5. 구술자의 구술 내용은 편집과 교정 과정에서 최대한 사실 관계를 확인하여 정리하였습니다. 다만, 사진 자료의 연도, 개인의 생활사 등 일부 확인되지 않은 사항이 있을 수 있습니다.

(책의 구성)

1. 이 책은 모두 3부로 구성되어 있습니다. 이중 2부는 구술대상자이자 발달장애인인 이지원 국악인과 아버지 이영식, 어머니 곽진숙의 구술 내용을 바탕으로 작성된 이지원의 가족 구술생애사입니다. 이밖에 추가 구술자로 선정된 동생 이송연과 지도교사 이춘희, 장애인단체장 방귀희의 구술이 포함되어 있습니다. 2부에서는 이지원의 생애를 주기별, 사건별, 이슈별로 분류하여 작성하였습니다.

2. 본 사업이 '단순 구술채록이 아닌, 장애예술인 성장을 위한 교육과정과 입문프로세스 등의 체계적인 모델 제시를 통한 잠재적 장애예술인 진입을 확장한다'는 목적 아래 기획된 만큼, 2부 본문에 장애예술교육과정과 입문프로세스 등에 관한 주요 정보를 각주 형태로 별도 강조하였습니다. 이는 다시 3부 예비 장애예술인을 위한 정보에 구체적인 정보를 수록하여 장애예술인을 위한 교육과정 가이드북으로 활용될 수 있도록 하였습니다. 2부 본문의 각주에 해당 정보를 수록한 페이지를 기재하여, 즉시 관련 정보에 대한 구체적인 내용을 찾아볼 수 있도록 하였습니다.

3. 3부 예비 장애예술인을 위한 정보는 이지원 국악인의 사례를 기반으로, 실제 구술인터뷰 과정에서 언급된 정보를 위주로 수록하였습니다. 따라서 정보가 발달장애, 공연예술분야, 국악분야에 집중되어 있습니다. 이는 이 책이 구체적 사례를 바탕으로 제작된 이유로 인한 것이며, 따라서 실제 주요한 장애예술에 관한 정보가 포함되지 않았을 수 있음을 밝힙니다.

4. 3부에 수록된 구체적인 정보는 2024년 10월에 최종 확인된 내용입니다. 정보의 출처는 기본적으로 해당 주최의 홈페이지에서 발췌하였습니다. 주최측의 사정에 따라 정보에 변동사항이 있을 수 있음을 밝힙니다.

5. 4부 성장 로드맵은 2부 이지원의 가족 구술생애사를 토대로 발달장애인이 태어나 전문예술인으로 성장하기까지의 과정을 한 눈에 보기 쉽도록 정리한 것입니다. 특히 이지원의 생애주기를 기준으로 구술생애사에 나타난 주요 내용과 단기목표, 주요 과제, 고비가 된 주요 사건, 주요 인맥, 예술 활동 등을 구분하여 정리하였습니다. 특히 발달장애인의 특성상 구술대상자의 삶에서 중요한 영향을 미친 부모의 역할과 어머니 진숙의 심리변화를 별도로 표기하였습니다. 또한 이지원의 구술생애사 작업 과정을 통해 가족과 문화예술전문가들이 함께 설계한 이지원의 미래비전을 단기목표와 수행과제, 최종 비전으로 수록하였습니다.

「예술가를 꿈꾸는 장애인을 위한 로드맵」

국악인 이지원

에헤라디야,
함께 가자

2부

~~~~~~~

장애를 넘어
예술인이 되기까지

: 이지원의 가족 구술생애사

2부

장애를 넘어 예술인이 되기까지
: 이지원의 가족 구술생애사

---

① 출생과 장애 인식 〜〜〜〜〜〜〜〜〜〜〜〜〜〜〜 영유아기

"죄를 지은 것도 아닌데... 그냥 도망쳐야 했어요"

: 이지원의 어머니, 곽진숙의 이야기

(진숙) "제왕절개를 했으니까, 그다음 날인가. 지금도 생생한데. 누워 있는데 방송이
　　　나오는 거예요, 병원에서. 곽진숙 산모 보호자 담당 의사에게 오라는 거예요.
　　　(방송으로) 보호자를 찾는 거예요. 별생각, 상상을 다 했죠. 무슨 일일까, 왜
　　　그러지?"

　지원이 태어나던 날. 진숙은 첫 출산에 대한 기억으로 '보호자를 찾는 낯선
목소리'를 떠올렸다. 그리고 곧바로 그녀는 물었다.

(진숙) "혹시 아세요? 구개열?"

　선천성 대동맥 협착 및 구개열. 2000년 11월 15일 2.6kg의 작은 몸으로 세상에 태어난 지원의 첫 진단명이었다. 대전의 모 병원에서 진단을 받고 곧바로 서울대학교 어린이병원을 찾았다. 좀 더 큰 도시, 큰 병원에서 다시 확인하고 싶었다. '제발 오진이길' 바라고 또 빌었다.

(진숙) "대동맥, 폐동맥 다 그런 거예요, 협착이. (⋯) 서울대를 가니까 양쪽이 다 그런 거예요. (⋯) 그때 출산하고 제일 힘들었던 거는 (⋯) 아이가 우유를 먹어야 되는데, 못 먹죠. 이제 누워서 우유를 먹어야 되는데 (입안에) 구멍이 나니까 먹으면 여기 (코)로 다 나와요. (⋯) 사례가 계속 걸리고. (⋯) 특수 젖병이 있어서 아이들 (젖병) 젖꼭지가 요만해가지고 파는 거면 저희는 (더 길게) 이만해요. (⋯) 그렇다 보니까 사람 있는 데서는 또 우유를 못 먹여요. 사람들이 다 쳐다보겠죠. '뭐 저런 젖병이 다 있어.' 그러니까 사람들 앞에서는 절대 물도 못 먹이고. 이제 회피하는 거죠. (⋯) 친한 친구들이 다 결혼을 해서 저처럼 바로 아이를 낳았어요. 친구들이 (서로 집에) 놀러 가고 하는데, 전 집에 오게 할 수가 없는 거예요. 계속 핑계를 대요. 왜냐하면 애기가 이제 누워 있잖아요. 그럼 누워서 울면, 보여, 구멍이."

'낯선 목소리'로 시작한 출산에 대한 진숙의 이야

● 선천성 대동맥 협착
좌심실에서 대동맥을 통해 몸으로 혈류를 내보낼 때 대동맥 판막 부위가 좁아져 발생하는 심장병(서울아산병원 홈페이지 참조)

● 구개열
선천적으로 입천장이 뚫려 코와 입이 통하는 것을 의미(서울아산병원 홈페이지 참조)

기는 '낯선 시선'으로 이어졌다. 특수교육학자 혼비(Hornby, 1995)는 부모가 자녀의 장애를 알고 난 후 받는 심리적 적응 과정에 대한 모형을 충격, 부정, 노여움, 슬픔, 초연함, 개심, 수용 등 일곱 단계로 나누어 설명한다. 특히 어머니가 아버지보다 상대적으로 자녀 양육에 더 많은 책임감이 부과되는 상황에서 어머니는 지속적인 양육 스트레스, 절망, 불안, 우울 등으로 낮은 자존감을 가지며 대인관계에 부정적인 영향을 미친다. 이처럼 장애 자녀를 양육하는 것은 심리적 고통을 수반하는데, 여기엔 장애인에 대한 사회적 차별과 편견이 자리 잡고 있다.[1]

(진숙) "17개월(에 구개열) 수술하고 두 돌이 다 돼 가는 데 못 걸어요. 지원이가. (…) 잔디밭에 가서 이렇게 막 놀고 싶어도 시선. 시선이 또 너무 힘든 거예요. (…) 유모차에 있는 애기를 가리키면서 '얘 좀 뭐 문제 있죠?' 이렇게. 그럼 거기다 대고 내가 어떻게 말을 해야 될까. 그러면 그냥 저는 무조건 바로 그냥 현관문 열고 집으로 들어와야 되는 거예요. 아이를 데리고. 그게 제가 할 수 있는 유일한 일이었어요. 그냥 도망쳐서 오는 거. 그러니까 죄를 진 건 아닌데 그냥 도망쳤어야 됐어요."

지원, 두 돌 전

장애아동 어머니가 장애아를 양육하면서 겪는 편견 및 차별 경험은 비장애아동과 장애아동을 비교하고 바라보는 사회적 시선에 있다. 장애아동을 이해하고 수용하는 태도보다는 잘못된 지각, 편견, 고정관념, 거부감으로 장애아동을 바라보는 '사회적 시선'은 출산과 동시에 진숙을 오랫동안 괴롭혔다. 그 시선으로부터 자신과 아이를 보호하기 위해, 진숙이 택한 방법은 '도망치기'였다.

(진숙) "저는 갇힌 세상에서 아이를 키웠어요. 갇힌 세상에서. (이전의 저는) 되게 활발한 성격이고 친구들도 많았고 그랬는데 이제 출산과 동시에 저에게 큰 시련이 온 거죠."

출산 당일, 대동맥 협착과 구개열 진단. 곧 이은 폐동맥 협착 추가 진단. 생후 17개월 구개열 봉합 수술 이후 5개월 뒤 **윌리엄스증후군** 진단. 연이어 불어닥친 폭풍우 속에서 진숙은 지원을 껴안고 세상으로부터 도망쳐 숨기에 바빴다. 시간과 경험이 차곡차곡 쌓인 어느 날, 용기를 내어 세상 밖으로 살며시 나왔다가도, 비바람이 치면, 다시 웅크리고 숨기를 반복했다.

(진숙) "판정받은 종이를 깊숙이 넣어놨어요. 그 서랍장에다. 그렇게 하고 그걸 한 번도 꺼내지 않았어요. 윌리엄스증후군이라는 걸 (…) 시댁, 친정 아무에게도 얘기를 하지 않았어요. 우리 부부 둘만의 (…) 비밀로. (…) 무서웠어요. 누가 알면 어떡하지? 알

● **윌리엄스 증후군
(Williams syndrome)**

윌리엄스증후군은 염색체 7번 장완 근위부의 미세결실로 인하여 다양한 증상 및 합병증이 발생하는 염색체이상 질환이다. 대표적인 증상 및 징후로는 심장기형, 독특한 얼굴 모습, 유아기 저체중, 고칼슘혈증, 갑상선기능저하증, 경도 및 경계선 정도의 발달지연이 있다. (서울대학교 어린이병원 홈페이지 참조)

면 안 되는 거였어요. (…) 그전에는 심장에 이상이 있는 것만 이야기를 했지. 윌리엄스증후군 이야기는 전혀 못 했었어요. (…) 지원이가 두 돌이 (됐는데도) 못 걸어서 (혈액검사를 했는데) 2만 명에 1명꼴로 나타나는 희귀질환인, 염색체 결손으로 오는 윌리엄스증후군이라는 판정을 해주신 거예요. 이 증후군은 지적장애와 심장 질환을 동반한대요. 그때 가슴이 철컥 내려앉았어요. 지적장애라는 말씀에. 진짜 깜깜했어요. 아무것도 들리지도 않고. '어떡하지. 내가 얘를 어떻게 키우지. 내가 얘를 어떻게 키우지.'"

진숙에게 불어닥친 폭풍우는 지원이 타고난 '질환'이라기보다 타인의 시선과 사회의 편견에 대한 진숙의 '두려움'이었다. 폭풍우로부터 자신을 지키기 위해 진숙은 '도망'쳤다. 그때는 '침묵'과 '회피' 말고는 다른 어떤 것도 생각할 수 없었다. 그리고 20여 년이 지난 지금, 진숙은 많은 면에서 달라졌다. 가장 큰 변화는 바로 그가 스스로 그 침묵을 깼다는 데 있다.

(진숙) "지원이 병명을… 실은 저희가 오늘 처음 얘기를 해요. (…) 그전에는 이 이야기는 하지 않았어요. 한 번도 한 적이 없어요."

진숙의 목소리는 가늘게 떨리고 있었다. 진숙의 이런 변화는 무엇을 의미할까. 진숙은 다섯 차례, 총 10시간에 걸친 인터뷰를 통해 자신이 오랜 침묵을 스스로 깰 수 있었던 이유에 대해 털어 놓았다.

(진숙) "(지원이가 18년째) 하루도 빠짐없이 국악을 공부하고 있는 거잖아요. 근데 이 아이가 태어나서 다른 데도 아니고, 소리를 하는 아이인데, 입안에 장애가 있었던 거예요. 누가 꿈이나 꿨겠어요. 울음소리조차도 아이들하고 달랐는데요. (…) (그랬던 아이가) 소리로 밥을 먹고 사는 거에요. 그림을 그리는 것도 아니고, 달리기를 하는 것도 아니고. 소리로, 입으로. 세상 밖에 나와서 사회인으로 장애 예술인이 돼서 직업을 가졌잖아요. 그래서 이 메시지를 주고 싶더라고요. (…) 뭐든 할 수 있다. 이런 메시지를."

"전 지원이보다 아내가 더 중요했어요"

: 이지원의 아버지, 이영식의 이야기

(영식) "저는 지원이 엄마처럼 그렇게 디테일하게 기억을 못 하고 있었는데… 약간은 좀 잊고 싶었던 기억이라서 그런지 모르겠어요. (…) 그 당시에 이제 아이가 좀 일반적이지 않은 울음소리 이런 걸로(기억되고). 구개열 때문에 새는 목소리. (…) 목이 쉰 듯한 목소리처럼 울었거든요. 그리고 이제 아내가 되게 힘들어하고 같이 울고."

지원의 돌 기념 사진

지원의 출생에 관한 아버지 영식의 이야기 역시, 어머니 진숙과 마찬가지로, '낯선 목소리'에 대한 기억으로 시작되었다. 다만 장애 당사자인 딸 지원과 자신의 이야기에 집중되어 있던 진숙과 달리, 영식의 이야기는 아내인 진숙에 대한 기억이 가장 많았다.

(영식) "저는 타인의 시선은 그렇게 신경을 많이 안 썼던 것 같아요. 저는 아이를 평일에는 주로 집에서 퇴근 후에 보고 토요일 일요일 이렇게 공원이나 나들이 가서 그런 걸(타인의 시선을 마주할) 수 있기 때문에. (…) 오히려 지원이보다 아내의 기억이 더 많아요. 아내가 힘들어하고 저한테 하소연도 하고 장래에 대한 걱정도 하고 울기도 하고. (…) 마음의 준비가 된 상태에서 장애아동을 키우는 게 아니기 때문에… 아내한테 되게 미안하기도

하고 막막하기도 하고 답답하기도 하고. (…) 막연하고 복잡했던 것 같아요. (…) 현실을 너무 지나치게 심각하게 생각은 안 하려고 애썼던 것 같아요. 저 스스로가. 아내도 많이 힘들어하는데 저까지 힘들어하면 안 될 것 같아서 저는 약간 좀 이렇게 가능하면 좀 냉정하게 책임감 있게 이 상황을 보려고 했던 것 같아요."

영식은 스트레스 해소는 어떻게 했냐는 질문에, "일로 풀었다"고 답했다. 일을 하는 순간만큼은 다 잊을 수 있었다고. 집 밖에서는 회사 일로, 안에서는 집안일로, 현실에서 오는 부정적인 감정들을 잊고 넘길 수 있었다고. 더불어 그럴 수 있었던 이유는 지원의 주 양육자인 진숙이 있었기 때문이라고 말했다.

(영식) "저는 낮에 이렇게 회사에 가 있는 동안은 일단 제가 (지원에 대한 걱정이나 고민을) 잊는다고 했잖아요. 어느 정도는. 근데 이제 아내는 정말 몇 년 동안 이렇게 집에서 같이 맨날 집에서만 생활하고 양육을 하면서 스트레스받고 이런 게 정말 심했을 텐데 잘 이겨내고 이렇게 잘 키워주고 해서 너무 감사한 게 많죠."

진숙과 영식은 1973년생 동갑이다. 고등학교 1학년 때 친구로 만난 두 사람은 10년 연애 끝에 새천년이 시작된 2000년 1월, 결혼했다. 앞서 진숙이 이야기했듯, 지원의 장애 사실은 한동안 부부만의 비밀이었기 때문에 지원과 관련된 문제 해결은 오롯이 부부의 몫이었다. 특히 정서의 불안이나 스트레스와 같은 감정적 해소에 있어 두 사람은 서로에게 거의 유일한 '대나무 숲'이었다. 타인의 시선을 피해 집 안으로 도망치기에 바빴던 진숙도, 영식과 함께라면 바깥 활동을 즐길 수 있었다. 영식 역시, 누구보다 그 사실을 잘 알고 있었다.

(진숙) "제가 힘들 때마다 저는 이제 오로지 남편. 남편한테 다 얘기를 해야 풀리는 거예요. 한바탕 울고 그러면 그때마다 현실이 너무 갑갑하고 두려우니까. 그

런데 저를 좀 위로해 주려고 되게 긍정적으로. 좋아질 거다, 우리가 잘 키우면 된다, 이런 식으로 항상. 위로를 많이 줬고. 퇴근 후라든지 주말 같은 때는 (…) 지역 축제장 가까운 데 미술관, 과학관(으로 외출을 많이 했어요)."

(영식) "토요일, 일요일 거의 집에 있지 않았던 것 같아요. 애한테도 자극이 필요하고, 아내도 기분 전환이 필요하고 하니까."

지원, 3세

지원의 성장과 발달에 있어, 아버지 영식의 양육 참여나 태도, 특히 주 양육자인 아내 진숙과의 관계나 정서적 지지는 매우 눈여겨볼 만한 대목이다.

아버지의 양육 태도가 아이의 사회성이나 인성, 성취욕구와 같은 성장에 미치는 효과라든지, 어머니의 양육 스트레스 완화나 부부관계의 향상에도 영향을 미칠 수 있다는 연구는 대중에게도 이미 잘 알려져 있다. 특히 시대의 변천과 가족구조와 기능의 변화 속에서 어머니의 책임으로 간주 되어 온 자녀의 양육과 교육에 대해 아버지의 참여가 중요하게 부각되고 있다. 이러한 가운데 특별한 보호와 치료교육이 필요한 장애아동 가정의 경우 역시 같은 맥락에서 전통적인 어머니 위주의 자녀 양육에서 아버지의 역할과 필요성, 그에 따른 긍정적인 영향력 등이 강조되고 있다. 월 랜더와 그의 동료들(1989)은 아버지의 양육 참여가 어머니의 양육 스트레스 뿐만 아니라 어머니의 심리·사회적 기능과 결혼 만족도에도 유의한 영향을 미친다고 보고하였으며 와이소키와 개빈(2006)의 만성질환 아동 가족에 대한 연구에서도 과중한 양육 스트레스를 경험하고 있는 만성질환 아동 어머니들에게 있어서 아버지의 양육 참여는 어머니의 심리적인 적응 및 결혼 적응에 중요한 영향을 미치고 나아가 성공적인 가족 적응을 도모하였다고 보고하였다.[2]

"후회 해요"

: 장애진단 초기의 지원제도와 부모 상담

─────────────────┐
                 │

(진숙) "(지금처럼 아이의 병을)이렇게 받아들이고 누군가가 조력자든 전문가든, 누군가가 옆에 (있었더라면). 그러니까 그냥 부모만 서로 끙끙 앓고 어떻게 애한테 해결할 방법도 없고. 지금 생각하면 저희가 좀 더 이렇게 현명하고 좀 놓았다면. 지원이를 키울 때 마음의 짐도 조금 덜고 더 이렇게 아이에게 더 행복한 삶을 제공하지 않았을까. 그런 후회가 너무 드는 거예요. (…) 정기검진 다닐 때 (의사가) 서울대병원에 윌리엄스증후군 부모 모임이 있대요. 부모들이 서로 정보도 교환하고 이렇게 했나 봐요. 근데 저희는 우리만 알고 있는, 비밀인데 거기 갈 수가 없는 거예요. 궁금도 한데."

(영식) "재활치료 이런 개념으로 운동치료나 이런 걸. 윌리엄스증후군 아이들이 좀 이렇게 소근육을 잘 못 쓰고 하는 게 있기 때문에. 그런 것들을 우리가 더 좀 현명하게 알아보고 했으면… 장애치료도 가고 했을 텐데."

지원의 경우, 선천성 대동맥 및 폐동맥 협착과 구개열 수술을 제외하고는 영유아기에 장애와 관련된 의료 및 상담 치료를 받지 않았다. 진숙 역시, 출산 이후 오랫동안 우울감에 시달리면서도 심리 상담이나 치료를 고려하지 못했다. 지원의 '장애'를 부부만의 '비밀'에 부친 탓이 가장 컸다. 인터뷰 내내,

지원의 장애 진단 초기에 당사자의 재활 치료나 부모의 상담 치료를 놓친 것을 부부는 모두 '후회'한다고 했다.

지원이 태어나기 4년 전인 1996년 장애인 복지발전 5개년 계획이 처음 수립되었다. 1999년 장애인복지법 및 시행령이 개정되었으며 지원이 태어난 2000년에는 장애 범주의 확대로 '발달장애'가 관련 법에 명시되는 등 장애인에 대한 법적, 사회적 변화가 새로운 도약기를 맞고 있었다. 하지만 여전히 윌리엄스증후군은 희귀질환 산정특례제도의 적용 대상이 아니었으며, 자연히 이와 관련된 부모나 보호자들의 자조 모임이나 부모나 보호자를 위한 상담 제도도 제대로 마련되어 있지 않던 시기였다. 그러나 그로부터 20여 년이 지난 현재는 발달장애 아동과 관련하여 다양한 복지 혜택과 서비스가 정부와 민간 차원에서 이루어지고 있다.

우선, 보건복지부는 **발달장애인 부모상담지원 서비스**를 제공한다. 장애인복지법상 지적, 자폐성 장애인으로 등록된 자녀의 부모 및 보호자를 대상으로 하며, 자녀가 만 6세 미만의 영유아로 장애 등록이 되어 있지 않은 경우에도 의사소견서(진단서) 등으로 대체하여 신청 자격 요건을 갖출 수 있다. 이 밖에도 장애아 가족 양육지원, 발달장애인 가족 휴식 지원, 언어발달지원 등 장애아동에 대한 복지제도 및 서비스를 보건복지부 홈페이지에서 확인할 수 있다.

발달장애인 부모상담지원 서비스
↪ p.106

이루다협회
↗ p.111

월리엄스증후군 관련 비영리민간단체로는 **이루다협회**가 있다. 2008년 한국윌리엄스증후군협회로 시작한 이루다협회는, "윌리엄스증후군 환아들과 느린학습자들을 위한 치료, 연구, 교육, 사회 적응 지원에 기여하고, 그 가족들을 위한 복지향상, 인권옹호, 국가의 장애인 관련 사업 개발을 지원"하고 있다.

한편, 지원의 경우 대동맥과 폐동맥 협착, 구개열 등과 관련된 치료와 수술비, 병원 통원비 등에 대한 정부의 지원 혜택이 거의 전무했기 때문에 가족의 경제적 부담도 컸다. 하지만 2016년부터 윌리엄스증후군, 스미스마제니스증후군, 큰뇌이랑증, 시신경척수염, 다리의 복합부위통증증후군 Ⅱ형 등 5종의 희귀질환이 '희귀 난치질환 산정 특례 제도'의 적용 대상으로 추가됐다. 산정특례제도는 환자 본인 부담률을 낮춰서 건강보험 진료비의 5~10%만 내도록하는 제도이다. 이밖에도 지난 2022년 **한국희귀질환협회**가 설립되어 각종 교육, 상담, 문화, 후원 등의 사업을 진행하고 있다.

한국희귀질환협회
↗ p.112

② 재능의 발견과 초등 교육 ～～～～～ 7-13세(2007~2013)

"다른 아이들이 너무 부러워서"

: 교육의 시도와 재능 탐색

지원의 가족은 2003년 영식과 진숙의 고향이었던 대전을 떠나 충남 공주로 이사를 왔다. 이 무렵 지원은 유아기에 접어들었고, 지원의 교육과 여가에 대한 고민도 시작되었다. 지원이 가정 밖에서 경험한 첫 사회생활은 어린이집이었다. 5세에 어린이집을 처음 다니기 시작했다. 7세에 대동맥 및 폐동맥 협착 관련 수술 전후를 제외하고, 초등학교에 입학하기 전까지 진숙과 영식은 끊임없이 지원에게 사설 학원이나 개인 과외를 제공했다. 당시에도 장애아동을 위한 전담 보육시설이나 사설 교육기관이 존재했지만, 지원은 7세 이전까지 장애아동을 위한 전문 교육 기관을 이용하지 않았다.

(진숙) "발레학원, 집으로 오는 미술 선생님, 미술학원 (…) 피아노, 바이올린, 튼튼영어 선생님도 오시고 하물며 은물, 가베 선생님까지. (…) 다 했어요. 남들 하는. (…) 지금 보면 걔(지원)한테 그게 의미가 없었다고 생각하는데. 그 과정을 겪었기 때문에 얘한테 음악, 미술, 체육을 다 해봤지만, 그중에 얘가 소리. 소리에 재능이 있다는 걸, 그렇게 하면서 알게 된 것 같아요. 그 시행착오와 또 여러 가지를 이렇게 제시해 보고. (…) 비장애인 부모들은 그게 일상인 거예요. 당연히 학원 차 타고 가고 뭐 때 되면 피아노학원 보내고. 근데 우리들한테는 그게 너무 부러움의 대상인 거예요. 그냥 그게 부러운 거예요. 아이를 출산하고 모유 수유하는 게 당연하신 거잖아요. 저는 모유 수유도

한번 이렇게 해 본 적이 없기 때문에 그게 불공평하다고 해야 되나. 그러니까 그때는 (울컥 눈물이 쏟아지는 걸 참으며) 그래서 그냥 학원을 보내고… 또 하나 부러웠던 거는 서점에 가서 문제집을 사는 거예요. (…) 저는 그런 게 필요가 없잖아요. 그런데도 제가 그걸 샀어요. (…) 6학년 때까지 전과를 다 샀어요. 안 사도 되는데 비싼데 이만한 거."

아직 진숙과 영식에게, 지원의 '발달장애'는 부부만의 '비밀'이었다. 따라서 '장애인 등록'은 물론이고 장애 전담 교육기관은 고려의 대상이 되지 않았다. 진숙은 지원이 '보통 아이들처럼' 살 수 있기를 희망하며 '정상 범주'에 들어가기 위해 애썼다.

(진숙) "거절도 당했죠. (…) 어머님이 데리고 계셔야 될 것 같다고, 집에서. (…) 첫 유치원이었는데. 그래서 그때 바로 가서 짐을 챙겨가지고 오면서도 되게 서럽더라고요. 다른 아이들 뛰어노는 애들 보면 왜 우리 아이는 다를까. (…) 피아노학원 여자애들이 이만큼의 문자를 보내고 '이 저능아' 욕을 하면서 '너 같은 애는 우리 학원에 오면 안 돼, 다시는 오지 마' 하면서 이제 괴롭히고 했던 것 같아요. 그 문자를 보고 너무 마음이 아팠던 거예요. 지금 같으면 전화해가지고 '애, 너 그렇게 하면 안 돼, 사과해' 이렇게 아마 할 것 같아요. 지금 같으면. 그때는 그 말을 저한테 하는 거랑 똑같으니까 그래서 그 문자를 본 다음 날 제가 학원을 끊었어요."

지원이 사회에서 겪고 부딪히는 모든 일과 당사자가 느끼는 감정들은 그대로 어머니 진숙에게 투영되었다. 지원이 놀림을 당하면, 지원이 느낄 수치심을 그대로 진숙이 느끼고 상처받았다. 그래도 진숙은 포기하지 않았다. 비록 문제의 근본적인 원인에 대한 해결을 적극적으로 모색하기보다, '회피'하고 '도망' 치는 것이었지만 진숙은 지원의 손을 놓지 않고 더 꼭 잡았다. 이 학원에서 안 되면, 다른 학원으로, 이 분야가 아니면 다른 분야로, 학원에서 안 되면 집에서.

(영식) "저는 개인적으로 그게 의미가 없는 행동은 아닌 것
같아요. 일단 아이도 중요하지만, 아내의 마음도
되게 중요하잖아요. 그렇게 함으로써 아내가 조금
이나마… 아이를 지키고 (위로를 받고) 무너지지
않고 심적으로 이제 좀 자존감도 버티면서. (…) 그
것조차도 안 했으면 아마 아이를 더 빨리 포기하거
나 (…) 어찌 보면 남을 의식한 행동이긴 한데 본인
이 좀 버틸 수 있는 그런 힘이었던 것 같아서."

사실 영식은 지원의 장애인 등록이나 장애아동 전
담 교육기관 등에 대한 필요를 진숙보다는 더 일찍,
인지하고 있었다. 그러나 영식은 지원만큼 아내 진
숙의 마음을 중요하게 생각했기 때문에 강요하지 않
았다. 대신 진숙이 지원에게 제공하는 교육이 좀 더
효과를 발휘할 수 있도록 돕는 편을 택했다. 지원이
피아노를 배울 때면, 집에 피아노를 들이고, 진숙이
지원에게 수학 학습지를 제공하면 지원의 곁에서 학
습을 도왔다. 교육의 효과는 미비했지만, 영식은 그
과정을 통해 진숙이 지원의 장애를 서서히 받아들이
고 인지하는 시간이 되었다고 생각한다. 하지만 그
과정을 모두 지나온 지금, 영식과 진숙은, 장애인 부
모와 가족들이 장애인을 위한 복지 제도를 적극적으
로 활용할 것을 당부했다.

(영식) "저희가 아이를 키울 때보다 지금은 많이 좋아졌어
요. 당장 **장애인가족지원센터**라고 하는 것도 생겼
잖아요. (…) 장애인 가족들, 송연이 같은 비장애

● **장애인가족지원센터**
전국장애인가족
지원센터협의회
↗ p.113

형제자매들한테 프로그램을 진행하거든요. (…) 상담 치료도 들어가 있고, 원예나 공예 활동 (…) 동료 상담가 제도라고 할 수 있는 장애인 부모가 좀 나이가 어린 (다른) 장애인 부모나 동료를 위해 상담을 해주는 것도 있어요. (…) 집에만 계시지 않고 나와서 상담도 받고 자격증 취득도 하고 일자리도 갖고 (…) 조금만 생각을 바꿔서 알아보고 하면 많은 지원을 받을 수 있어요. (…) 엄마는 출근하고 아이가 일어나면 활동지원사가 가서 아이 옷도 입히고 씻기고 해서 학교에 데려다줘요. (…) 공교육이 끝나면 **활동지원사**가 태우러 가서 심리센터든지, 어디든지 데려다주고요."

● **활동지원사**
장애인 활동
지원사업
↱ p.109
장애아 가족 양육
지원사업
↱ p.108

"무언가에 소질이 있다는 말, 처음이었죠"
: 절대음감의 발견과 지원의 재능

부모의 이 같은 심리적 혼란이나 조바심과 관계없이, 지원은 무럭무럭 자라났다. 그리고는 그 또래 아이들이 저마다의 빛을 내며 반짝이듯, 지원도 자신만의 빛을 내기 시작했다. 지원이 초등학교에 들어갈 무렵의 일이다.

(진숙) "피아노 선생님이 (지원이가) 음감이 너무 좋대요. 듣고 치는 절대음감이 있다는 거예요."

피아노 교사의 말을 듣고 불현듯 진숙은 잊고 있던 일이 떠올랐다. 지원
생후 두 돌 당시, 윌리엄스증후군을 진단받았을 때의 일이다.

(진숙) "의사 선생님께서 윌리엄스증후군 아이들 같은 경우에는 해외에서도 그렇고
　　　음악하고 미술에 재능을 보이는 아이들이 있으니까 잘 관찰해서 키우라는
　　　거예요. (…) 나를 위로해 주려고 이렇게 말씀하시는구나 하고. 그냥 귀담아
　　　듣지 않고 이제 왔죠."

'절대음감'이란 기준이 되는 다른 소리의 도움 없이 소리의 높이를 음이
름으로 파악할 수 있는 능력을 말한다. 지원은 악보를 볼 줄 몰랐지만, 처
음 듣는 음악도 한 번에 모방해서 정확한 음으로 연주하고 부를 수 있었
다. '절대음감' 능력을 소유한 사람은 전 세계에서 0.1%에 불과하다고 알
려져 있다.

하지만 앞서 언급되었듯, 피아노학원은 또래 아이들의 괴롭힘으로 머지
않아 그만두게 되었다. 바이올린도 배워 봤지만, 기악은 기본적으로 악보
를 볼 줄 알아야 했기 때문에 지원에게는 한계가 있었다. '그렇다면 성악
이 어떨까? 동요도 곧잘 따라 부르는데. 성악을 하게 되면 이태리어로 노
래를 불러야 할 텐데, 어렵지 않을까?' 그러다 우연한 기회에 지원은 어머
니 진숙을 따라 집 근처에 있는 국악원에 가게 된다.

(진숙) "(절대음감이라는 이야기를 듣고)나서 좀 더 저희가 이렇게 심층적으로 고
　　　민을 했던 것 같아요. (…) 성악을 시킬까? (…) 어렵지 않을까? 접었어
　　　요. 일단 생각만 하다가. 그러다 제가 장구를 배울 일이 있어서 (…) 얘(지
　　　원)를 앉혀 놓고 배우는데 오히려 얘가 장구 치면서 민요를 부르는데 저보
　　　다 가사를 더 빨리 외우고 (…) 음도 저보다 더 빨리 익히는 거예요. 선생
　　　님이 소질 있다고. (…) 처음 들은 거예요. 태어나서. 항상 불려 가서 '이상
　　　해요, 안 돼요, 문제가 있는 것 같아요' 그런 말만 듣다가 소질이 있다는 이

야기를 처음 들은 거예요."

사실 지원의 음악에 대한 흥미와 관심은 좀 더 일찍 시작되었다. 적어도 영식과 진숙의 기억 속에는 그렇다. 당시에는 무심코 흘려보냈던 일이지만 지원은 아주 어릴 적부터 음악에 남다른 관심을 보였다.

(진숙) "아이를 키우고 행동을 보면서 의사 선생님 (말이) 생각이 난 거예요. 아, 얘가 음악에 관심이 있나? 그래서 이제 그때부터 탬버린도 사다 주고, 건반도 사주고, 아코디언, 하모니카, 북 같은 것도 사서 주고 했어요. 놀잇감으로 이제 준 거죠. 좋아하더라고요. 한 번은 놀랐던 게 (…) 미술관에 갔을 땐데. (…) 전시실 가운데 이렇게 서서 가만히 있는 거예요. 그래서 '뭐 해?' 그러면 이렇게 가리켜요, 천장을. 스피커가 천장에 있잖아요. (…) 그걸 듣고 있는 거예요. 마트에 가도 애들은 장난감 고르고 과자 고르는데 가만히 이렇게 서 있어요. (마트에서 흘러나오는) 음악을 듣고 있는 거예요."

초등학교 5학년 때 학교 예술제에서 판소리를 부르고 있는 지원

"카세트테이프가 끊어지면 붙여서 수백 번을"

: 박동진판소리전수관에서 국악 교육에 입문

지원은 진숙을 따라 **박동진판소리전수관**을 찾아갔다. 지원이 초등학교 1학년, 2008년의 일이다. 첫 교육상담 자리에서 지원은 '진도아리랑'을 불렀다. '소리가 좋다'는 평가와 함께 시작된 판소리 수업은 이후 6년간 이어졌다. 수업은 교사와 학생의 1:1 수업으로 진행됐다. 전수관에서 이뤄지는 수업을 매번 녹음하고 집에서 반복해 다시 들으며 연습을 이어갔다. 집에서는 진숙이 지원의 선생님이 되어 주었다. 녹음된 교사의 지도 내용을 지원이 습득할 수 있도록 진숙이 쉽게 풀어 반복해 가르쳤다.

● 박동진판소리전수관
↗ p.148

(진숙) "남들은 애들이 선생님한테 수업을 받으면 자기들이 연습해서 하지만, 저희는 제가 (지원이가 받은 수업 내용을) 이해를 해야 되잖아요. 수업을 받고 오면 (수업 내용을 녹음한) 카세트 테이프를 제가 먼저 들어요. (…) 예를 들어 '이리 오너라' 그러면 '이리~' 하고 테이프를 딱 멈춰요. (지원이한테) 시켜요. 또 한 번 듣고 또 시켜요. 그다음 또 '오너라~'하면 또 '오너라~' 멈추고 시켜요. 제가 전문가도 아닌데, 저도 모르지만. 나중에는 (…) 테이프가 끊어져요. 그럼 그걸 분해해서 가위로 해서 스카치테이프로 붙여서. 그걸 다시 감아가지고 그

걸 또 들려줘요. 일주일에 정말 수십, 수백 번을 들어요. 그러면 얘가 이제 다 익혀요."

진숙은 지원이 밥을 먹을 때도, 놀이할 때도, 수업 내용을 녹음한 카세트테이프를 계속 틀어놓았다. 오죽하면 카세트테이프가 끊어지는 일이 다반사였을 정도였다. 그만큼 진숙은 간절했고, 지원은 실증내는 일 없이 노래하기를 멈추지 않았다.

(진숙) "당시에는 재(지원)가 정말 사람 구실 하면서 살 수 있을까. 그런 생각이죠. (…) 이걸 가르쳐서 사람들에게 공연을 하고 장애 인식… 그건 정말 상상할 수도 없었고. 저는 (초등학교) 입학 앞두고 그거 하나였던 것 같아요. 놀림 안 당하려고. (…) 아 쟤는 공부 못 하고 좀 이상한데 쟤 국악 하는 애야. 그냥 그렇게 포장하고 싶었다고 할까요? 그런 마음이 강했어요. (…) (친정 부모님은) 판소리 배우는 걸 굉장히 싫어하셨어요. 쟤한테 뭘 저렇게 저런 걸 가르치냐. (…) 그냥 안 아프게만 키우면 되지. 뭐 그 비싼 돈을 들여서 가르치냐고. (친정 부모님 마음이 이해도 되면서도) 그런 말이 너무 속상한 거예요."

영식 역시, 진숙처럼 주변 사람들에게 비슷한 말들을 들었지만, 지원의 판소리 공부와 진숙의 보조를 적극적으로 지지하고 도왔다. 다만 그의 마음은 진숙이 지원의 판소리 공부에 몰입했던 이유와는 조금 달랐다. 영식은 진숙과 지원이 집 안에만 고립되지 않길 바라는 마음이 더 컸다.

(영식) "저는 약간 비슷하면서 다른 부분이 있는데 (…) 본인이 잘하든 못하든 뭔가를 좀 해서 집에만 있지 않았으면 좋겠더라고요. (…) 엄마도 밖에 나가는 걸 어려워하고 힘들어하니까, 아이를 데리고. 타인의 시선 때문에. 그러면 집에서 맨날 엄마하고 둘이 있고. 힘들어하고 먹고 자고 소일거리하고 (…) 얼마나 힘들겠어요. (…) 뭔가를 배우고 와서 엄마도 이렇게 집중해서 뭔가를 또 가르치고 (…) 활기 있게."

영식의 생각대로, 지원이 판소리를 배우기 시작한 이후, 집안 공기가 달라지는 게 느껴졌다.

(영식) "음악하기 전에는 (…) 오늘 놀이터에 갔는데 누가 또 와서 그냥 왔어, 누가 이렇게 밀쳤는데 애가 확 넘어졌어. 울었어. 이런 얘기를 들으니 마음이 편하지 않죠. 안쓰럽기도 하고 화도 나고. 음악을 하고 난 다음부터는 이제 달라진 거예요. 오늘 전수관 갔다 왔는데 선생님한테 이런 노래 배웠는데 이렇게 칭찬을 들었어. (…) 연습하니까 막 좋아지는 게 보여. 완전히 달라지는 거죠. 생활의 모습이 음악을 하기 전과 후가 너무 좋아지니까. 계속 이렇게 해봐야 되겠다. (…) 새로운 삶의 어떤 활력소가 된 거죠."

"반 평균 깎아 먹는다고... 우리 애는 장애인이 아니야"

: 초등학교 입학과 특수교육대상

2006년 지원이 7세가 되던 해, 미뤄왔던 대동맥과 폐동맥 협착증 수술을 진행했다. 활동량이 늘어나는 학교생활을 위해서는 수술을 더 미룰 수 없었다. 수술 후 회복과 적응기를 거쳐 또래보다 1년 늦은 2008년 아홉 살의 지원은 공주교육대학교 부설초등학교에 입학했다. 이 무렵 진숙과 영식은 8년간 둘만의 '비밀'로 간직했던 지원의 '장애'와 직면하게 된다.

(진숙) "저는 좋아질 거라고 생각했어요. 나아질 거라고. (…) 외향적으로 표시가 나지 않으니까, 제가 더 감출 수 있었던 것 같아요. 사람들 앞에서. 그래서 입학하고 (제가) 임신 중이었는데 (지원이 담임) 선생님이 상담을 요청하

신 거죠. (…) 지원이가 너무 안타깝다는 거예요. (수업 내용을) 못 알아듣는데 앉아 있어야 되니까. 그래서 (특수반 수업을) 받았으면 좋겠다. 근데 저는 아니었어요. 저는 (특수반 수업)받고 싶지 않다고. 그렇게 하고 제가 좀 스트레스를 받은 거예요. 이제 들어야 할 소리를 학교에서 처음 들었으니까. 감추었던 그런 소리를. 그래서 송연이를 임신 중에 양수가 없어진 거예요. 그렇게 8개월 만에 이제 (송연이를) 출산했고. 2학년, 3학년 때 선생님도 학기 초에 저를 이제 부르세요. 지원이가 장애인이면 특수반에 가면 반 점수에서 제외가 되는데, 지원이가 장애인이 아니(라서) 반 전체 (점수를) 다 깎아 먹는대요. 반 평균이 떨어진대요. 지원이 때문에. (…) 제가 그것까지는 거절을 못하겠는 거예요. 반 점수를 깎아 먹는다는 그 말에."

지원은 2002년 윌리엄스증후군 판정으로 발달장애 진단을 받았지만, **장애인 등록**은 하지 않았다. 지원의 담임 교사들이 권한 '특수반 수업'은 장애인 등록과 별개로 선정하는 '**특수교육대상자**'를 말한다. 등록장애인이 아니더라도 '장애인 등에 대한 특수교육법 제15조(이하 특수교육법)'에 의거, 특수교육 대상자로 선정될 수 있다.

진숙은 반쯤 등 떠밀려 특수교육 대상자 신청서를 접수했다. 지원의 손을 잡고 진단평가장으로 향하던 날을 회상하며, 진숙은 쏟아지는 눈물을 감추지 못했다.

(진숙) "비가 억수로 왔어요. 애를 태우고 검사받으러 가는데. (지원이) 아빠는 학원(당시 영식은 학원 강사였음) 가

서 없고 제가 이제 애를 태우고 가는데 비가 너무너무 많이 오는 거예요. 하늘도 내 마음을 아나 보다. 비가 막 오는 데 제가 엉엉 울면서 애를 태우고 갔어요. 난 가고 싶지 않은데 가야 되는 거잖아요. (…) 제가 기도를 했어요. 아니길. 나는 거기(특수반) 보내고 싶지 않기 때문에. 우리 애는 장애인이 아니야. (…) 결과 나올 때까지 아니길, 아니길, 아닐 거야."

진숙의 바람이 간절해서였을까, 아직 때가 되지 않았던 걸까. 교육청으로부터 날아온 결과는 '이지원 특수교육 대상으로 해당 없음'이었다. 이후 학교에서는 더 이상 지원에게 '특수반'을 권하지 않았고, 진숙의 바람대로 지원은 초등학교를 졸업할 수 있었다.

제13회 박동진판소리명창명고대회에서 판소리부문 초등부 우수상을 수상한 지원

"지원이에게 더 좋다면 도전 망설이지 않았죠"

: 판소리에서 민요로 전공 변경

(진숙) "판소리를 초등학교 6년 내내 배웠어요. 크고 작은 대회에서 수상도 했고. 박동진판소리전수관에 소속이 되어 있다 보니 전수관에서 하는 공연에도 (참여하고). 5학년쯤 됐을 때, 지원이 아빠가 이제 연습하는 모습을 보면서, (지원이가) 적벽가, 춘향가 앉아서 목 놓아 부르는 모습을 보면서 (…) 가사가 어렵잖아요. '적벽가' 같은 경우 삼국지에 나오는 그런 이야기를 풀어가는데. 지원이가 가사 뜻도 모를 텐데 그게 좀 안타까워 보였나 봐요. 지적장애다 보니까, 예를 들어 간절할 때는 좀 간절한 감정도 넣어서 이렇게 부르고 (해야 하는데) (…) 그런 모습이 이제 안 나오니까 아쉬웠던 거예요. 그래서 지원이 아빠가 그런 점이 아쉽다고 하던 차에 TV에서 국악인 송소희 씨가 나왔어요. (…) 그걸 보면서 우리 지원이도 저렇게 민요를 신나게 부르면 더 잘 어울릴 것 같다, 그러는 거예요."

민요는 민중이 부르던 노래로, 다양한 주제를 다루는 대중적인 전통 노래지만, 판소리는 소리꾼이 고수의 북장단에 맞춰 이야기를 노래로 부르는 서사적 음악극이라 할 수 있다. 내용적인 면에서도 민요가 일상생활과 관련된 주제를 주로 다루지만, 판소리는 고전 설화나 문학적 이야기를 다룬다는 점에서 차이를 보인다.

(영식) "판소리가 개인 혼자 하는 예술인데 감정의 기복도 심하게 보여 줘야 되고 다 끌고 나가야 되는, 너무 힘들잖아요. (…) 그다음 단계로 넘어가야 되는데 아

이(지원이)가 넘어오지 않으니까, 상담도 하고. 근데 또 얘가 흥은 많고 노래 부르는 거 좋아하고 하니까 (…) 같은 국악인데 신나게 부를 수 있고. 그때 송소희가 나오는 걸 보고 '우리도 저거 하자. 신나게 부를 수 있는 거. 민요를 시키자' 한 거죠."

그 무렵 지원은 판소리의 복잡한 서사를 섬세하게 표현하는데 어려움을 겪고 있었다. 영식이나 진숙이 "오늘 수업이 어땠냐"는 질문에 지원은 "잘 모르겠다"'는 대답을 자주하곤 했다. 노래하는 건 즐거웠지만, 또 어렵게 느껴지는 일이 잦았다. 그 모습을 지켜보던 영식은 지원의 전공을 판소리에서 민요로 바꾸자고 제안했다. 영식보다 변화나 도전에 보수적인 진숙이 망설이는 중에도 영식은 적극적으로 나섰다. 그렇게 찾아간 곳이 당시 국립국악원 단원이었던 이금미 경기민요 명창의 연습실이었다.

(진숙) "(안양으로) 찾아갔는데 민요에 딱이라는 거예요, 목소리가. 시간이 지날수록 판소리는 목이 쉬어야 돼요. 근데 지원이는 목이 안 쉬어요. 아무리 불러도. (…) 탁성으로 해서 걸걸하게 해야 되는데. 맑아요. 맑고 깨끗한 목소리로만 나오는 거예요. 그러니까 아무래도 좀 구슬프게 이렇게 해야 되는데 안 나오는 거예요. 그래서 고민하다가 민요 선생님께(찾아갔는데) 민요에 (지원이) 목소리가 최적화라는 거예요."

"지원이 음악 수업을 위해 온 가족이"

: 장애인에 대한 사회 인식과 제도 개선의 필요

중학교 입학과 동시에, 판소리에서 민요로 전공을 변경한 지원은 매주 안양으로 민요 수업을 받으러 다녔다. 두 번째 음악 스승을 만난 지원은 본격적으로 경기민요를 공부하기 시작했다. 판소리에 비해 신나는 가락이 우선 지원의 마음에 들었다. 신나고 밝은 노래를 좋아하는 성향과도 더 잘 맞았다. 수업 방식은 판소리를 배울 때와 마찬가지였다. 일주일에 한 번씩 안양으로 올라가서 1:1 수업을 받고, 평일에는 수업 내용을 녹음한 파일을 반복해 들으며 배운 내용을 복기했다. 지원의 음악 공부에 남들과 다른 점이 있다면 온 가족이 함께했다는 것이다.

(영식) "토요일 아침에 아이들을 태우고 우리 가족이 다 같이 이동하는 거죠. 송연이 어릴 때니까. 지원이의 레슨을 위해서 네 가족이 움직이는 거예요. (지원이 수업에) 들어가면 저희 셋은 밖에서 대기하고 있는 거죠."

(진숙) "인근에 산이 있으면 산에도 가고 공원이 있으면 공원도 돌고 비가 오면 카페에도 들어가 있고."

(영식) "그렇게 온 가족이 움직여야 되고. 1시간 레슨을 위해서 2시간 반 정도 이렇게 이동을 해서 아이 기다리고 또 끝나면 내려오고. 아이 하나 때문에 온 가족이 주말을 희생해야 하니까. 어찌 보면 그게 좀 어려웠죠."

(진숙) "제가 송연이를 낳고 한 번 그런 생각이 들더라고요. (…) 우리가 돈 들여서 레슨하고 이게 과연 효과가 있을까. 쉽게 말해 밑 빠진 독에 물 붓는 건 아닐

까. 차라리 (…) 작은 애한테 하면 어떨까. (…) 장애등급 받기 전에는 대회에 나가도 너무 다름을 느끼고. 꿈이 안 보이는 거예요. 언제까지 해야 되지? 좀 지치더라고요. 남들은 애들이 선생님한테 수업을 받으면 자기들이 연습해서 이렇게 하지만 저는 잠들기 전까지 제가 다 이해를 해야 되잖아요. (…) 제가 전문가도 아닌데 저도 모르지만 이걸 이제 테이프가 나중에 끊어(질 때까지) (…) 그러다 지친 것 같아요. 몸도 마음도 또 돈도 그렇고. (…) 제가 그만하고 싶다고. 그랬더니 (지원이) 아빠가 그러면 지원이가 집에만 있을 텐데 (계속) 하자고."

북유럽에서는 이미 1960년대에 사회의 이익이 개인의 이익과 사회적 권리로 대체되면서 핀란드의 장애인 정책을 이끄는 기조가 변하기 시작했다. 실용적인 고려 사항과 관계없이 모든 개인은 자기 잠재력을 추구하고 실현하며 가능한 의미 있는 삶을 살 권리가 있다. 또한 발달장애인은 기본적인 돌봄 욕구뿐만 아니라 정서적, 사회적 욕구를 위한 활동도 충족시켜야 했다.[3]

하지만 지원과 지원의 가족들은 이러한 사회의 역할이 미비한 상태에서 오롯이 당사자인 장애인 개인과 보호자가 떠안으면서 '잠재력을 추구하고 실현하며 의미 있는 삶을 살 권리' 자체를 포기해야 할지 말지를 고민하는 상황에 놓이게 된 것이다. 하지만 진숙과 영식은 흔들리면서도 지원이 잠재력을 실현하고 그만의 고유한 개성을 추구하며 사회 속에서 살아갈 수 있도록 하는 경로를 이탈하지 않았다. 진숙이 지쳐 포기하고 싶을 때면 영식이 버팀목이 되어 주었고, 지원 역시 지치는 기색 없이 음악 공부에 몰두했다.

한편, 진숙과 영식은 지원이 커갈수록, 수업 외에 교육공동체와의 교류나 소통에 늘 아쉬움이 남았다. 지원을 통해 수업에 대한 만족도나 수업 외의 활동 등을 확인했지만 한계가 있었다. 개인 과외 형식의 수업이다 보니 장애 학생에 대한 체계적인 매뉴얼이 없는 데다 장애인에 대한 사회적 인식 부족이 우선 가장 큰 장애물이었다. 그런 점에서 영식과 진숙은 우리 사회에 장애 감수성을 키우고 장애 공감 문화를 조성할 수 있는 사회적 장애인식개선교육과 더불어 장애를 포함한 문화 다양성을 존중하는 사회로의 발돋움을 위한 다양한 제도 마련의 필요에 동의했다.

(영식) "의사소통이 안 되니까 그날 수업은 어땠는지 선생님 전달 사항이 또 뭐가 있는지 그런 걸 전혀 모르니까요. 조각조각. 막히고 전체적으로 흐름이 전달이 안 되니까 항상 선생님하고 통화하거나 다른 제자들하고 통화해서(부족한 부분을 채워야 했죠)."

(진숙) "제자들끼리 수업이 끝나면 같이 밥을 먹는다든지, 좀 더 남아서 연습을 한다든지 그런데 지원이는 항상 거기서 빠지니까, 또 배제가 되니까. (…) 그런 상실감은 계속 아이가 성장해도 없어지지 않는 것 같아요."

(영식) "(장애인은)소수고 하니까 (…) 레슨실에 가도 마찬가지로 비장애인들이 주가 되고, 장애인 제자는 혼자 외톨이처럼 이렇게. 항상 어려서부터 계속. 장애인 부모들은 같은 경험을 계속하는 거죠. 항상 이제 우리 아이는 외톨이고 따로 약간 배제되어서 소외되어서."

부모로서 지원의 사회생활을 지켜보며, 아쉬움을 느끼는 사이에도 지원은 특유의 명랑함과 음악에 대한 사랑으로 금세 민요 공부에 적응해 나갔다. 영식과 진숙에게도 판소리할 때보다 더 밝아지고 편안해진 지원의 모습이 눈에 띄었다.

(진숙) "판소리 음악 자체가 좀 엄격하고 (…) 예의 발라야 되고 자세도 그렇고. (…) 민요는 아무래도 노래 자체가 신나고 (…) 좀 밝고 신나는 곳이 많잖아요. 그래서 지원이 같은 경우는 좀 더 밝아졌어요. 집에 와서도 더 흥얼흥얼하고."

　　한편, 현재 보건복지부는 일상생활이나 사회생활을 하기 어려운 장애인에게 활동 지원 서비스를 제공함으로써, 장애인의 자립생활을 지원하고 가족의 부담을 줄여 장애인의 삶의 질 향상을 돕고 있다. 장애인 활동 지원 사업으로는 가정 내에서 이뤄지는 목욕이나 취사 등 신체 및 가사 활동 지원부터 등하교 보조 및 외출 동행 등 사회활동 지원 등 서비스를 지원한다. 지원의 경우에도 중학교에 입학하면서 부모가 직장생활로 인해 학교에서 제공하는 통학버스를 이용했다가, 지원이 제때 하차하지 못해 실종된 줄 알았던 경험이 있던 터라, 장애인 활동 지원 사업에 대한 필요성에 절감했다.

● 장애인 활동 지원
사업
↱ p.109

TJB 전국장애학생음악콩쿠르 한국음악 성악부문 대상 수상 후 지원의 가족

"눈에 띄는 만큼, 보이지 않는 투명 인간처럼"

: 중학교 입학과 학교 생활

지원의 중학교 진학을 앞두고 진숙의 고민은 다시 시작되었다. 여전히 장애인 등록도, 특수교육 대상자 신청도 하지 않은 상태였기 때문이다. 중학교는 평준화 정책이 적용되는 터라 특별한 사항이 없다면, 지원은 시내에 소재한 A 여자중학교에 배정될 것이었다. 입학과 동시에 '특수반' 이슈가 또 불거질 것이 불 보듯 뻔했다. 진숙은 피하고 싶었다. 게다가 해당 학교는 공주시에서도 규모가 큰 중학교 중 하나였다. 지원의 장애를 고려할 때, 소규모 학교를 택하고 싶었다. 그래서 선택한 곳이 공주시 외곽 면 단위에 소재한 우성중학교였다. 마침, 우성중학교는 국악 특별활동도 활성화되어 있어서 지원에게 더욱 적합해 보였다.

중학교 졸업식날 지원의 가족

중학교 졸업식날 같은 반 친구들과 함께(지원은 맨 오른쪽)

(영식) "전교생이 적고, 공부에 대한 어떤 스트레스를 덜 주는 학교를 고른 거죠. 특수반에 안 가는 대신 선생님이 조금 더 케어해 줄 수 있는."

지원의 중학교 시절에 대한 구술을 진행하던 중, 영식은 잊고 있던 아픈 기억을 떠올렸다.

(영식) "중학교 때 애를 태우러 학교에 갔는데, 화장실 갔다 와서 좀 뒤처리가 잘 안됐는지 교복 치마 끝단이 스타킹에 이렇게 끼어 있는 거예요. 뒤에서 보면 안에 속바지 이런 게 보이잖아요. (…) 남녀공학이니까 여학생들이 얘기해줘도 되는데 그걸 안 한 거죠. (…) 너무 화가 나서 울컥울컥하고 정말 주체가 안 돼 가지고."

전교생이 120명 남짓한 작은 학교에서 지원은 눈에 띄는 친구였을 것이다. 당시 만해도 교육과정에 장애인식 개선을 위한 교육이나 활동이 저조하던 시절이었다. 지원은 눈에 띄는 만큼, 보이지 않는 투명 인간과도 같았다.

그러던 어느 날이었다. 여느 날과 마찬가지로 지원이를 데리러 교문 앞에 서 있던 진숙은 그동안 겪어보지 못했던 경험을 하게 된다. 지원이와 같은 반 친구들로 보이는 아이들이 진숙에게 말을 걸어 온 것이다.

(진숙) "교장선생님께서 연락을 해서 (…) 학교 축제 때 지원이가 공연을 해줬으면 좋겠다는 거예요. (…) 너무 감사했죠. 소중한 무대고. (…) 2학년 몇 반에 이 지원이 이상한 애였는데, 한복을 입고 저런 노래를 하네. 국악을 하네. 민요를 하네. 아이들이 지원이를 바라보는 시선이 달라지더라고요. 말 한 번 안 걸던 아이도 지원이한테 말을 걸고. (…) '지원이 오늘 노래했어요. 음악 선생님이 노래시켰어요. 짱 잘해요.' 인사 한번 안 하던 친구들이 아는 척을 해주는 거예요. 지원이도 어깨가 으쓱해졌죠. (…) 장애 학생에 대한 그런 배려가."

"내 아이가 장애인이란 사실을 세상에 밝히는 일"

: 장애인 등록의 계기와 결과

(진숙) "만약에 특별반이었다면 통합지원반에 갔었다면 선생님들의 돌봄을 받았겠죠."

진숙은 후회했다. 좀 더 일찍 장애인 등록을 하지 않은 것에 대해, 지원에게 복지 제도의 혜택을 누릴 수 있게 해주지 못한 것에 대해, 장애인 부모로서 무거운 짐을 조금이라도 내려 놓고 사회와 나누지 못한 것에 대해. 하지만 당시에는 세상을 향해 내 아이가 '장애인'이라는 사실을 공표한다는 건 상상만으로도 힘든, 불가능에 가까운 일이었다. 절대 불가능한 일인 것만 같던, 절대 깰 수 없을 것 같던, 단단한 동굴의 문을 깨고 나오는 날이 진숙에게도 찾아 왔다.

(진숙) "공주여고는 공부를 못하니까 못 가고 (…) 정명학교 아세요? (당시에) 거기는 제가 죽어도 싫죠. 죽어도 가기가 싫죠. 특수반도 안 갔는데 특수학교는 마음에도 없고. (…)대전에 있는 사립 예술고등학교도 알아봤어요. (…) 세종예고도 알아보고 (…) 제가 예고를 보내고 싶어 하니까 지인이 어떤 선생님을 소개해 줘요. 당시에 충남예고 국악 전담 선생님이신 거예요. 상담을 했더니 저한테 왜 예고를 보내려고 하냬요. (…) 엄마 욕심이래요. 저한테. (…) 지원이를 생각해야지 왜 엄마를 생각하냐는 거예요. 엄마 욕심을. 지원이가 예고에 갔을 때 어떤 선생님도 어떤 학생도 얘를 도와줄 사람은 아무도 없대요. 다 너무 바쁘고 (…) 누구를 도와줄 생각을 하지 못한다는 거예요. 엄마가 욕심을 내려놓으래요. 지원이가 학교에서 행복한 모습을 그려야지. '나 얘 돈 들여서 국악 가르쳐서 예고 보냈어' 이러려고 그러는 거 아니냬요. 그 말을 딱 듣고 나니까, 맞는 것 같아요. 제 마음을 너무 잘 아는 거예요. (…) 오늘이라도 당장 검사를 받고 (장애인) 등급을 받으래요. 그래서 공주여고 특수반에 보내라는 거예요. 그렇게 하면 공주여고에 갈 수 있대요. (…) 예고 가지 말라고 하는데도 (…) 마음이 편해지면서 (…) 마음이 너무 좋은 거예요. (…) 어쩌면 저도 그걸 원했던 것 같아요. (…) 이 길이 맞나 (…) 항상 불안하고 언제까지 이 길로 가야 되지? 내가 언제까지 (…) 저도 힘들고 앞은 보이지 않고 그러던 찰나에."

진숙에게 직언을 아끼지 않았던 박영주 교사와는 지금도 소중한 인연을 이어가고 있다. 훗날 알게 된 사실이지만, 박영주 교사 역시, 장애인 자녀를 둔 부모였다. 진숙은 당시의 일을 떠올리며 좀 더 솔직한 자신의 마음을 드러냈다.

(진숙) "(장애인 등록을 미뤘던 이유는)시선(때문)이죠. 그게 아마 저한테 주는 시선이었던 것 같아요. 지금 생각해 보면 그 아이(지원)를 바라보고 사람

들이 이상하게 봤던 그 시선을 제가 보잖아요. 그럼, 그 시선에 상처를 제가 받았잖아요. 엄마인 제가. 그게 너무 힘들었어요. 내가 말 안 하면 사람들이 눈치를 못 채는데 굳이 내가 특수반에 아이를 보내야 되나. 그래서 내가 장애인 소리를 들어야 되나. 너무너무 싫었어요. 그냥 버텼던 것 같아요. 버티니까 버텨지잖아요. 그러다 보니까 너무 힘들었죠. 지치고 상처받고 막 숨고 싶고 맨날 울고. 그러니까 저도 (다른) 엄마들하고 어울리지도 못하고."

지원은 중학교 3학년에 재학 중이던 2016년, 장애인 등록을 마치고 공주여자고등학교에 입학하게 되었다. 그리고 진숙의 말대로 "제2의 삶을 살게 된다." 진숙도, 영식도, 물론 지원도.

4 전문 예술인을 꿈꾸며 ～～～～～～～～～～ 청소년기 2

"장애인이 '되고' 제2의 삶을 살게 됐죠."

: 고등학교 특수반 진학 이후의 변화

(진숙) "(지원이가) 아침에도 일찍 일어나는 거예요. 학교를 빨리 가고 싶은 거예요. 중학교는 끝나고 데리러 가도 그냥 무표정으로 나와요. 여기(입가)에 짜장 먹은 날은. 점심에 먹었는데, 4시 반에 데리러 갔는데도, 그대로 묻어 있어요. (…) 메리야스도 내려가서 이렇게 교복 밖으로 막 나와 있고. 그런 모습으로 나오면 너무 속상해요. 저걸 아무도 얘기를 안 해줬구나. (…) 하루 종일 입 다물고 혼자 있다 오는 거예요. (…) 말할 사람, 친구도 없고 (…) 그랬는데 고등학교를 가니까 아침에 일찍 일어나고 빨리 학교 가야 된다고. 그리고 끝나고 데리러 가도 교문 밖에 나올 때 친구들하고 나와요. 친구가 생긴 거예요. 특수반 아이들 (…) 자기들은 대화가 되

고등학교 1학년 때 교육실습교사와 함께 한 작은 음악회에 지원이 보컬로 함께 무대를 꾸몄다

고등학교 1학년 때 교내 음악회에서 노래를 부르고 있는 지원

는 거예요. 말할 사람이 있고, 선생님들이 다 대꾸해 주시고. 너무 좋아, 끝나고 나와도 밝아요. 제가 그때 아이 모습을 보고 너무 후회를 하고 정말 많이 울었어요. 내가 더 애한테, 일찍 (특수반에) 보냈다면 더 행복한 삶을 살았을 텐데 내가 너무 무지했구나."

지원의 삶은 (등록)'장애인'이 되고 나서 많은 것이 달라졌다. 친구가 생겼고, 학교에서 배운 것들에 관해 이야기하는 시간이 늘어났다. 지원이 외에 다른 장애인을 대하는 것이 늘 불편했던 진숙의 태도와 마음에도 변화가 일어났다.

(진숙) "엄청 많이 달라졌죠. 친구 하나 없이 중학교, 초등학교 시절을 보내다가 놀리지 않고 내 이야기 들어주고 또 활동을 하니까. 연예인이라고 신기해하고 막 이렇게 지원이 잘한다 하고. (…) 학교 가는 길에 발걸음이 빨라져요. 하하호호 나올 때도 같이 나와요. 친구들하고. 지체인 친구, 발달장애인 친구, 친구들 언니들 같이 나와요. 그런 모습을 저도 안 보다가 보니까 너무 좋죠. 그 아이들도 너무 다 소중해 보이고 (…) 안 해봤던 (…) 바리스타 수업을 하고 일주일에 한 번씩 빵 만들어서 '엄마 거야, 내가 만들었어' 가지고 오고. (…) 차 안에서도 조잘조잘 '누가 어땠어, 언니가 뭐라고 했어' 그러다 보니 언어 전달

능력도 좋아지더라고요."

한편, 영식은 장애인 등록 이후, 특수교육 대상자로 지원의 고등학교 생활을 지켜보면서 장애 청소년에 대한 교육제도에 대해 문제의식을 느끼게 되었다. 입시 위주의 고등 교육과정에서 장애 청소년은 '수업 방해 요소'가 되기 일쑤였다. 같은 학교 울타리 내에서도 장애인과 비장애인의 '구분 짓기'는 여전했다. 수련회나 수학여행 같은 교외 활동에도 일상적인 돌봄의 손길이 필요한 지원이와 같은 장애 학생은 늘 자진해서 빠져야 하는 분위기였다.

(영식) "특수반을 간다는 건 (…) 투명한 감옥 안에 (…) 서너 명이 함께 갇혀 있는 것뿐이에요. 결과적으로 외부에 있는 친구들하고 교류는 없어요. (…) 그 안에서는 약간 행복할 수 있지만 어땠든 간에 교류는 없이 고립되어 있는 건 마찬가지라는 거죠. (…) 특수반에 가서 특수교육을 받으면 모든 게 해결되는 건 절대 아니라는 거죠. (…) 수학여행의 경우에도 학부모가 요청하면 사회복지사를 임시 계약직으로 계약해서 1:1 돌봄을 하게끔 해야 돼요. 학교에서. 근데 이제 학부모가 굳이 학교에 요청을 안 하면 (학교에서도) 아이가 안 갔으면 하는 거죠. (…) 학부모들도 그렇게 요청을 잘 못하죠. (…) 외국은 이런 게 없으니까요. 어쨌든 간에 우리나라보다 교육 강도가 약해서 그럴 수도 있는데, 일단은 장애인을 이렇게 차별하지 않고 같은 반에서 공부하고 학습이 제대로 안 되면 끝나고 보충 수업을 하든 (…) 어떤 수업을 못 따라가서 특수반에 이렇게 보내고 이런 건 없으니까요."

영식은 진숙과 마찬가지로 더 빨리 장애인 등록을 통해 다양한 정부의 제도와 혜택을 누릴 수 있도록 하지 못한 것에 대해 후회했다. 하지만 그것과 별개로, 여전히 특수학급과 비특수학급으로 구분 지어진 채 온전한 통합교육이 이뤄지지 못하고 있는 교육 현실이 안타깝다.

1971년 특수학급이 처음으로 설치된 이래로 특수교육 대상자의 70% 이상이 통합교육 상황에서 교육을 받고 있을 정도로(교육과학기술부, 2010) '통합교육'은 장애 학생 교육에 있어서 가장 큰 쟁점 중에 하나가 되었다. 박승희(2003)[4]는 장애 학생 통합의 궁극적 목표는 장애 학생이 학급의 한 일원으로서의 자격을 가지고 또래 친구들과 긍정적인 사회적 관계를 맺어가는 것이기 때문에, 성공적인 통합교육을 위해서는 장애를 가진 학생을 둘러싼 모든 사람이 장애에 대해 바르게 인식해야 한다고 했다. 그런데 학교 현장을 둘러보면 통합교육에 대한 제도적인 지원이나 심리·정서적 지원과 같은 질적인 측면에서 미비한 경우가 많다. 물리적인 환경에서만의 통합이 아니라 진정한 의미에서의 통합을 이루기 위해 특수교육 대상 학생은 그들이 성장하여 사회로 통합되었을 때 비장애인들과 더불어 살아갈 수 있는 능력이 필요하고 비장애 학생들은 다양한 사회 구성원들을 수용하고 받아들일 수 있는 인식 전환을 위한 장애인식개선교육이 필요하다.[5]

"장애예술계의 떠오르는 샛별이 되다"

: 각종 경연대회 석권과 방송 출연

장애인 등록 이후 지원은 더 넓은 세상을 만나게 된다. 9년 동안 꾸준히 갈고 닦아 쌓아온 음악적 기량은 세상을 향한 힘찬 발걸음에 날개가 되어 주었다. 수도선부(水到船浮). 물이 차오르면 배가 저절로 뜬다. 준비된 자에게는 반드시 기회가 오기 마련이란 걸, 지원은 증명해 내기라도 하듯, 출전하는 대회마다 큰 상을 휩쓸다시피 했다.

그 시작은 삼성디스플레이 볼레드합창단이었다. 1학년 학기 초 어느 날, 학교를 통해 장애인합창단 오디션 신청서를 받게 된 것이다. 오디션에서 지원은 당당히 최우수상을 받고 단원으로 선발되었다. 진숙은 어안이 벙벙할 지경이었다. 지원의 음악 실력을 인정받은 것도 기뻤지만, 진숙을 놀라게 한 건 따로 있었다.

● 삼성디스플레이
볼레드합창단
↪ p.132

(진숙) "신세계였어요. 정말. (아이의 장애 정도가) 너무 심한데 엄마들은 너무 밝고 드러내서 케어 하는 모습이. 나는 그렇게 해본 적이 없는데. (…) 엄마들을 보면서 제가 위로를 받았어요. (…) 또 엄마들이 지원이가 노래를 너무 잘하니까 신기해하는 거예요. (…) 제가 부럽대요. 중고등학교에 가서는 어떻게 하면 맨 끝에만 이렇게 쭈그리고 있다가 누가 '지원이 엄마예요?' 알아보면 어떡하지? 이런

삼성디스플레이 볼레드합창단 단원들과 함께 노래하고 있는 지원(사진 속 스크린에서 왼쪽 아래)

삼성디스플레이 볼레드합창단 단원으로 무대에 오른 지원(왼쪽에서 첫째줄 네 번째)

삶을 살다가. 그러면서 저도 이제 마음이 열리는 거예요. 제가 힘든 것도 이야기하게 되고. (…) 그때 정말 많은 걸 제가 보고 느끼고 반성하고."

지원은 매주 볼레드합창단 단원으로 연습과 활동을 이어갔다. 혼자가 아닌 타인과 함께 노래로 하나 되는 시간은 지원에게도 특별하고 소중한 경험이었다. 지원이 활동하던 당시 볼레드합창단이 **전국장애인합창대회**에서 대상을 탔을 때, 혼자 경연대회에 나가 큰 상을 받았을 때보다 두배 세배 더 기뻤던 이유도 발달장애 단원들과 '함께' 이뤄낸 성과였기 때문일 것이다.

● 전국장애인합창대회
↗ p.125

지원의 연습에 동행하면서 진숙 역시 매주 동료 단원들의 보호자들을 만났다. 진숙은 다른 보호자들과 만나면서 장애인 자녀를 키우면서 겪는 어려움과 부담감, 스트레스 등을 공유하며 공감과 위로를 얻었다. 지원을 낳아 기른 지 16년 만에 처음 해 보는 경험이었다. 정서적, 정신적 위로와 상담뿐만 아니라 **장애인 연금제도**를 비롯한 복지 제도나 음악 활동에 대한 다양한 정보도 얻을 수 있었다. 이는 지원이 더 큰 무대에 설 수 있는 물꼬를 트는 계기가 되었다.

● 장애인 연금제도
↗ p.110

(진숙) "(엄마들에게 이야기를 듣고)서울에 어떤 대회가 있는지 적어 왔어요. 그래서 아빠가 (그날) 바로 (홈페이지에) 들어가니까 접수 기간이에요, 마침. 접수해볼까? 서울에 있는 장애 아이들은 어떤 수준일까? (…) 그래서 노래 부문 예선을 하는데 지원이가 그때 뱃노래를 불렀어요. (…) 이제 시상식, 몇백 명이 나와서 하는 경연이에요. 그런데 노래 부문 우수상, 최우수상 (발표하는데) 안 불리는 거예요. 안 되나 보다. 지원이가 상심이 크겠다. 그러고 있는데 전체 대상 마지막에 지원이 이름이 불리는 거예요. 그때 지원이도 너무 기뻐서 막 뒤도 안 돌아보고 한복 입은 채로 (무대로) 뛰어 올

제25회 전국장애인합창대회에 볼레드합창단 단원으로 참가한 지원

제10회 전국장애청소년예술제에서 대상을 수상한 후, 안중원 전 한국장애인문화예술원 이사장과 함께

라가더라고요. (…) (그동안 지원이 키우면서 겪은 일들이) 필름처럼 지나가
면서 눈물이 터진 거예요. 너무 기뻐요."

지원은 초등학교 때부터 꾸준히 국악을 배워왔지만, 대회나 무대 경험은
많지 않았다. 일단 장애인 등록을 하기 전이라 장애인을 대상으로 하는 경연
대회의 출전 자체를 고려하지 않았다. 국악을 함께 배우는 또래 친구를 비롯
해 관련 모임이나 단체와의 교류나 활동도 없었기 때문에 음악 활동과 관련한
정보를 얻지 못한 탓도 컸다.

(영식) "저는 부모님들이 좀 빨리 내려놓으셔도 될 것 같아요. (…) 빨리 오픈하시고
장애인등록을 빨리하시고 나면 그 혜택 안으로 들어올 수 있잖아요. (…) 울
타리 안에 들어오지 못하면 겉돌게 되는 거죠. 그러니까 이 아이는 장애인도
아니고 비장애인도 아니고 그 경계에 머물러 있게 되는 거예요. (…) 아이가
자라서 지능이 좋아지고 비장애인으로 갈 수 있고 이런 게 아니라고 한다면 빨
리 오픈하고 당당하게 누리시는 게 좋을 것 같아요."

2017년 7월, **전국장애청소년예술제** 대상(문화체육관광부 장관상) 수상을 시작으로 지원의 프로필은 화려하게 채워져 나갔다. 같은 해만 해도 9월 **대한민국장애인예술경연대회** 심사위원장상, 11월 **전국장애학생음악콩쿠르** 대상(교육부 장관상) 등 전국 단위 대규모 대회에서 연이어 큰 상을 받았다. 2017년 지원이 대회에서 음악적 실력을 인정받았다면, 이듬해부터는 지원을 더 많은 사람들에게 알리는 기회가 이어졌다. 2018년 평창패럴림픽 폐막식에 장애 예술인을 대표하여 지원이 공식 초청받은 데에 이어, KBS1 음악 경연 프로그램 〈노래가 좋아〉에 출연해 3연승을 거머쥐게 된 것이다.

(진숙) "1학년 때 온갖 대회를 다 나가다 보니까 (…) 주변에서 여기 대회도 나가봐라 (…) 대회에서 다 우수한 성적을 하고 (…) 문체부 장관상, 교육부 장관상 받으면서 (…) 고2 때부터 장애인단체에서 행사 문의가 계속 들어오는 거예요. 정말 지원이가 (그동안) 서보지도 않은 큰 행사에 (…) 정부 기념식에도 나가고 (…) 〈노래가 좋아〉에서 3연승을 해서 (상으로) 결혼하고 처음으로 해외여행도 갔다 온 거예요. (…) 그리고 나니까 이제 〈사랑의 가족〉 KBS 다큐 〈인간극장〉 촬영 제의도 들어오고, 방송 활동이 (늘어났죠) 라디오, 국악 방송 (…) 〈아침마당〉도 7회 출연하고."

지원은 전국 규모의 대회에서 대상을 수상하며 자

● 전국장애청소년
예술제
↗ p.126
● 대한민국장애인
예술경연대회
대한민국장애인
예술경연대회
스페셜 K
↗ p.127
● 전국장애학생
음악콩쿠르
↗ p.128

연스레 장애 예술계의 신예로 등장하게 됐다. 장애를 극복하고 꾸준히 자신의 개성과 재능을 살려 국악을 공부해 온 지원의 이야기가 방송을 통해 시청자와 대중에게도 감동과 관심을 불러일으켰다.

(진숙) "(첫 대회 이후로 지원이)아빠가 밤마다 검색을 하기 시작했어요. 모르니까. 뭐가 있나. 장애인대회. 이렇게 쳐 보는 거예요."

(영식) "축제나 행사를 하면 또 불러주시고, 홍보도 되고 하니까. (…) 우리나라에 장애인 예술 단체가 많구나! (…) 그전에는 전혀 몰랐던 거죠. 장애인 등록하기 전도 그렇고 그 이후에도 만약에 저희가 대회에 안 나갔으면 몰랐을 것 같은데, 대회에 나가고 활동을 하다 보니까 많은 단체들이 (있다는 걸 알게 됐죠)."

한국장애인국제
예술단
↗ p.133

이음가요제
↗ p.129
현재는 한국장애인
국제예술단을 기반
으로 2015년 문화체
육관광부의 허가로
설립한 전문 문화예
술법인 (사)빛된소리
글로벌예술협회(↗
p.137)가 주최하고
있다.

(진숙) "고등학교 때 **한국장애인국제예술단**이 개최하는 대회에 나갔어요. 송연이랑 같이 **이음가요제** 라고. (…) 거기서 수상을 하니까 예술단 정단원으로 소속을 시켜 주셨어요. 여기에서 또 해외공연을 갈 때 저희도 같이 가게 되고, 장애인식개선공연 전국 투어도 하게 되고 (…) 굉장히 많은 지원을 받고 잘 성장할 수 있는 발돋움이 됐던 것 같아요."

(영식) "(예술단 단원으로 활동하다 보니) 정보의 양이나 노출의 양이 좀 달라진 것 같아요. (…) 정보를 많이 알게 되잖아요. 그건 굉장히 큰 차이인 거죠. (…) 계속 이렇게 두드려보고 만약에 안 되더라도 계속 알아보고 출

전해 보고 참가 신청서 내보고 하는 게 되게 중요한 것 같아요."

"비장애인 동생과 함께 만드는 화음"

: '민요자매' 결성과 활동의 의미

지원과 동생 송연이 함께 활동하는 그룹 '민요자매'도 이 무렵 결성되었
다. '민요자매'는 2018년 〈노래가 좋아〉 출연 당시 제작진들이 붙여준 이
름이다. 송연은 국악을 공부하는 언니를 따라다니며 자연스레 국악을 접
하게 됐다. 한두 차례 언니와 함께 무대에 오르는 경험을 하면서 송연 역
시, 음악에 대한 흥미와 자질을 발견하게 됐다.

2018년 한국-태국 국제장애인문화교류엑스포에 민요자매로 참가한 지원과 송연

(송연) "혼자 (무대에) 섰을 때는 제가 한 가운데 서잖아요. 그래서 조금 허전하기
도 하고 괜히 같은 무대여도 무대가 더 커 보이는 것 같고 더 긴장되고 또 노
래 한 곡을 제가 다 이끌어 가야 되니까 그런 부분이 조금 부담도 있는 것 같
은데 언니랑 같이하면 (…) 혹시 제가 목이 안 좋거나 좀 실수를 하거나 하더
라도 언니가 옆에서 뒷받침을 해주니까 든든한 것 같아요. (…) 무대에서 언니
는 (…) 장애가 있는 게 맞나 싶을 정도로 (…) 평소에는 아기같이 과자 좋아
하고 (…) 집에서는 친구 같기도 동생 같기도 한데 (…) 일단 마이크를 잡고
딱 무대에 서면 달라져요. 눈빛도 달라지고."

　　송연은 무대에 선 언니를 보며 꿈을 키워갔다. 그리고 초등학교에 들어가
면서부터 본격적으로 국악 공부를 시작했다. 초등학교 6학년이었던 2020년
에는 KBS 경연프로그램인 〈트롯전국체전〉에 출연해 4라운드까지 진출하며
실력을 인정받기도 했다. 같은 해 한국예술종합학교 영재교육원 세종캠퍼스
에 수석 입학해 음악 공부에 매진했고, 2024년에는 국립전통예술고등학교
에 입학했다. 그 사이 '민요자매'로 언니와 함께 수많은 무대에 올라 노래했
다. 송연에게 지원은 하나뿐인 언니이자 "(국악이라는)새로운 길을 알려준"
선배이다.

(진숙) "장애계에서는 항상 슬로건이 장애인과 비장애인이 함께 동행하는 삶. 함께
하는 세상. 장애인끼리만 행복한 게 아니고. (…) 여기에 우리 아이들이 맞는
거예요. 자매가 장애인과 비장애인이 같은 국악을 하면서 서로 보완하는데.
그러면서 이제 사랑을 많이 받기 시작한 거죠."

(영식) "가장 원하는 게 장애 예술과 비장애 예술이 같이 하는 거, 협업하는 거. 같이
무대에 서고 같이 밥 먹고 같이 생활하는 거거든요. (…) 송연이가 좀 어려워
하면 지원이가 또 가르쳐주기도 하고 올바른 음을 잡아주기도 하고 (…) 조
화롭게. (…) 민요자매 같은 경우에는 장애 예술인들이 가야 되는 방향을 좀
보여주고 있는 거죠. 그러니까 장애 예술인과 비장애 예술인이 동생이 같이

국악을 하고 있고 둘이 이렇게 같이 협연을 해서 서로 부족한 부분을 메워주고 또 발전시켜 나가는 거기 때문에 장애인과 비장애인이 동행하면서 같이 어우러져 사는 모습을 단적으로 보여주고 있기 때문에 더 큰 감동도 받고 정말 저렇게 살아가야 되는구나를 보여주는 게 있는 것 같아요. 그래서 더 많이 좋아해 주신 것 같기도 하고요.

지원 역시, 단독 공연과 듀엣 무대 중 무엇이 더 좋냐는 질문에 망설임 없이 "송연이랑 같이하는 게 더 좋다"고 답했다. 이유는 "더 재미있기 때문"이다. 진숙과 영식은 평소 자매 관계도 노래를 함께 하면서 더욱 돈독해졌다고 믿는다.

(영식) "송연이가 음악을 안 했으면 아마 지금처럼 둘이 이렇게 같이 붙어 있고 얘기하고 (…) 음악으로 소통하지 않았으면 (…) 아예 방문 닫고 들어가 앉아 있지. (…) 언니가 뛰어난 부분이 있으니까 도움을 주기도 하고 또 동생이 뛰어난 부분이 있으니까 도움을 주기도 하고 이렇게 해서 참 다행이라는 생각이 들고 그렇지 않으면 저희도 이렇게 한 방향으로 네 명이 유기적으로 협동을 하면서 목표를 향해 가지 못했을 거예요. 동생이 또 언니가 장애를 갖고 있지만 무시하지 않고 존중해주고 또 그런 언니는 동생을 또 예뻐하고 자기 편이 돼주니까 항상. 고맙죠."

국제장애인 문화교류 엑스포에 참여한 민요자매(태국)

국제장애인 문화교류 엑스포에 참여한 민요자매(몽골)

"장애 예술인의 공연에 대한 편견"

: 해외 공연의 경험을 통해 얻은 것

2017년 이후 공연 제의가 급격히 늘어나면서, 해외 공연의 기회도 주어졌다. 대한민국장애인예술경연대회에 출전한 지원을 보고 (사)한국발달장애인문화예술협회 아트위캔에서 직접 연락이 와 해외 공연 출연을 제의해 온 것이었다. 첫 해외 무대는 오스트리아였다. 한복을 곱게 차려입은 '민요자매'는 '홀로 아리랑'을 노래했다. 객석은 금세 눈물바다가 되었다. 타국에서 듣는 고향의 노래에 장애를 넘어 하나의 화음을 만들어내는 민요자매의 이야기가 더해져 관객들은 더 감동했을 것이다.

● (사)한국발달장애인
문화예술협회
아트위캔
↳ p.140

(진숙) "너무 많이 우시는 거예요. (…) 교포분들께서 (…) 장애 예술인이 해외에서 공연을 해서 감동을 준다는 것 자체가 되게 놀라웠어요. 첫 공연 때는 아이들이 너무너무 자랑스러워 보였죠. 대견하고."

(영식) "(해외 공연의 경험을 통해) 더 많은 비전과 이런 것들을 많이 느끼게 되더라고요. (…) 이렇게 큰 감동을 주면서 예술인으로 성공할 수 있겠구나, 그런 걸 많이 느낀 것 같아요."

오스트리아 공연 이후 같은 해 몽골, 네팔, 일본 등지에서의 해외 공연이 계속되었다. 그중에서도 가장 인상 깊었던 해외 공연은 일본 긴자에 있는 도쿄국제포럼에서 열린 '제15회 동경골드콘서트'였다. 지원은 구술 과정에서 당시 무대에서 일본어로 했던 인사말을 그대로 복기하며, 즐거웠던 그날의 기억을 재현해 주었다. '동경골드콘서트'는 매년 일본베리어프리협회에서 개최하는 장애인 국제음악대회다. 지원은 장애인예술단체 관계자들로부터 추천을 받아 서울 강남장애인복지관에서 실시한 멘토링 오디션에 선발되어 한국대표로 출전하게 되었다. 2018년 당시에는 주최국 일본을 비롯해 한국, 베트남 등 9개 팀의 장애 예술인들이 참가했다. 지원은 한국 대표로 출전해 '정선아리랑'과 국악 동요 '꽃마을'을 노래했다. 특히 '정선아리랑'은 장애인용으로 특수 제작된 가야금을 연주하며 노래했다. 가야금병창은 지원에게도 새로운 도전이었다. 지원은 이 대회에서 특별상을 수상했다. 한편, 진숙과 영식은 지원이 국제대회에 한국 대표로 출전해 특별상을 수상한 것만큼 놀라운 사실을 깨닫게 되었다.

● 강남장애인복지관
↗ p.115

(영식) "동경에서 가장 큰 무대 2천 명 정도 들어가는 큰 무대에 관객들이 다 표를 끊어서 유료로 줄을 서서 들어왔다는 거예요. 그 말에 깜짝 놀랐고. 장애인분들이 공연을 할 때는 베리어프리 이런 게 중요하니까 좋은 공연장에, 안락하게, 동선도 좋게, 경사로 이런 것도 다 되어 있는 제일 좋은 공연장에서(한다는 거죠). 그런데 우리나라는 좀 그렇지 않은 부분이 많이 있어서 휠

체어 탄 예술인이 무대에 올라갈 때도 (휠체어에 탄 채) 들어서 올리는 경우도 있고 경사로도 없어 (…) 차이가 많이 나는 걸 느꼈어요.

(진숙) "사회 참여를 많이 좀 시켜줬으면 좋겠어요. 저도 못했지만, 처음엔 두렵고 시선도 그렇고 '내 아이를 데리고 가면 (…) 싫어하지 않을까?' 그런 생각도 되게 많이 들었거든요. (…) 근데 그냥 당당하게 사회에 많이 참여를 시키다 보면 이 세상에서도 바라보는 눈이 조금 좋아지지 않을까. (…) (해외공연 때 만났던 장애예술인이) 자기네는 장애를 가진 사람들끼리 만든 예술단은 없대요. (…) 교향악단에 장애인도 있고 비장애인도 있고 한 거지, 장애를 가진 사람들을 따로 묶어서 예술단을 만들고 하는 게 없어서 신기하다는 거예요. (…) 비장애인, 장애인이 함께 어우러질 수 있도록 자꾸 세상 밖으로 내보내서 사회통합을 경험할 수 있는, 그런 제공을 좀 많이 해줬으면 좋겠어요."

2018년 지원은 국내외에서 80여 차례의 공연을 선보였다. 무대 경험이 쌓이는 만큼, 장애 예술인으로서의 책임감과 역할에 대한 고민도 커졌다. 특히 해외 공연을 통해 경험한 장애 예술에 대한 선진 문화를 국내에 알려야 한다는 사명감이 생겨났다. 지원은 2019년 장애인문화예술축제 홍보대사, 한국장애인문화협회 홍보대사를 맡아 이를 실천하는 활동을 이어갔다. 그리고 그런 책임감은 영식에게도 마찬가지로 전해져, 장애인 단체장이자 활동가로 직업을 바꾸게 되는 계기가 되었다.

(영식) "약간의 책임감. 또 이제 저희 아이가 장애 예술인 활동을 하면서 공주에서는 거의 처음으로 하는 것들이 되게 많았잖아요. 자랑스런 충남인상도 받게 되고 올해의 장애인상도 받고 하면서. (…) 저희 가족이 주목을 받게 된 것 같아요. 그러면서 (다른 장애인과 가족들이) 상담하고 부탁도 하시면서 (…) 지원이가 평생 또 장애 예술인 활동을 해야 하는 부분이고 저희도 이제 부모로 살아야 하니까. (…) 좀 더 많은 도움을 드리면서 우리

가 또 겪었던 것들을 이렇게 나누고 정보도 알리고 할
수 있을 것 같다는 생각이 들어서 (직업을 바꾸게 됐
죠)."

● 국제장애인문화
교류협회
↗ p.134

● 한국장애인부모회
↗ p.119

　영식은 2018년부터 **국제장애인문화교류협회** 공주시
협회 협회장, 2020년부터는 **한국장애인부모회** 공주시
지부 지부장을 맡고 있다. 그리고 수년간의 장애인 관
련 단체에서 활동가로 일한 경험을 토대로 2022년부터
는 공주시장애인가족지원센터와 공주시장애인활동지원
센터를 운영하고 있다.

(영식) "장애인부모회는 이제 부모님들의 어떤 권익을 옹호
하는 단체고 국장협은 장애청소년 교육하는 단체라
(…) 서울이나 경기 수도권에 있는 좋은 인프라 센터
이런 곳들이 있는데 (공주에는) 없다 보니까 중앙위
활동을 하다 보니 자꾸 보이잖아요. 그래서 이제 시에
도 건의하고 하면서 2022년도부터 센터 2개를 같이 이
렇게 하게 된 거죠. (…) 협회 같은 경우에는 지금까지
도 상근 인력이 없어요. 협회는 제 사비로 운영을 해야
되는 거예요. (…) 부담이 되고 좀 바쁘긴 한데 그래
도 보람은 많이 있죠. (…) 장애 아이들한테 문화예술
교육도 시킬 수 있고 무엇보다도 시민들, 공무원, 시
의원 이런 분들한테 (…) 알릴 수 있고 장애인식개선
도 동시에 할 수 있으니까."

5 장애 예술인의 활동과 비전 ～～～～～～～～～～～～

"다른 분야, 다른 친구들과의 협업과 교류"

: 대학교 입학과 학교 생활

여느 학생들처럼, 고등학교 3학년이 된 지원도, 진로에 대한 고민이 시
작되었다. 이 무렵 지원은 영식, 진숙과 함께 대학 진학에 대한 이야기를
자주 나누곤 했다. 그때마다 지원은 "하고 싶다"고 말했다.

(영식) "저희가 공주대로 운동을 하러 갔어요. (가까워서) 자주 가서. '지원아, 네
가 대학을 가면 이렇게 큰 학교에 와서 더 새로운 걸 공부할 수 있어. (…)
너 집에서 있을 거야 아니면 이런 데 와서 공부할 거야?' 이렇게 물어보면

나사렛대학교 입학 후 교정에서

충분히 지적장애인 친구들도 그걸 이해를 하고 선택할 수 있거든요. (…) (지
원이는) 외향적이고 (…) 밖에 나가는 걸 좋아하고 (…) 저희가 계속 자극을
주고 물어봤던 것 같아요. 당연히 대학에 가고 싶다 (…) 공부해 보고 싶어, 친
구 사귀어 보고 싶어(라고 말했죠)."

지원은 물론이고 영식과 진숙 역시, 지원의 대학 진학을 원했다. 대학 교육
이 지원이 전문 예술인으로서의 삶을 살아가는 데 필요한 과정이라고 여겼기
때문이다. 진로 계획과 비전을 세우는 단계로서의 청년기에 접어드는 지원을
위한 선택이었다. 하지만 주변 반응은 좀 달랐다.

(진숙) "고3 때 선생님께서도 (…) 굳이 왜 대학을 보내냐, 그냥 고등학교 졸업해도
지원이 정도면 교육청 사서, 학교 사서(는 할 수 있는데) 직업 훈련받아서 취업
하면 되는데. 그게 뭐 지원이한테 필요하겠느냐 이렇게 말씀하셨어요. (…) 너
무 속상한 거예요. (…) 지원이가 장애가 있지만 예술을 하고 있고, 이 예술로
대학을 보내고 싶은 거예요. 다른 아이들처럼."

청소년기의 교육은 자신의 잠재력을 최대한 발휘하고 성인으로서의 삶을
성공적으로 시작할 수 있도록 지원하는 것을 목표로 한다. 이러한 측면에서
볼 때, 음악가로 활발한 활동을 하며 실력 또한 인정받고 있는 지원에게 대학
이라는 고등교육의 진학 대신, '장애인도 할 수 있는' 취업을 권유하는 것은,
일종의 장애를 대상화하는 시각이다. 대상화란 어떤 존재를 하나의 틀로만
규정해 버리는 걸 말한다. 다시 말해 장애인을 장애인으로만 바라보는 것이
다. 진숙의 '속상한 마음'에는 지원을 장애인으로만 보는, 대상화하는 시각에
대한 불편함이 녹아있다.

하지만 지원은 그동안 그래왔듯, 남들이 뭐라 해도 '새로운 도전'을 포기하
지 않았다. 이미 실기 분야에 있어서는 여러 대회와 각종 무대에서 실력을 인
정받고 있었기 때문에, 자신도 있었다. 그래서 예술 분야에서는 국내 상위권

대학에 속하는 '한국예술종합대학'을 목표 대학으로
정했다. 지원은 한국예술종합대학 한국 성악과에 지
원해 1차 서류심사를 통과했다. 2차 면접 실기도 무
사히 치렀고, 합격을 기대했다. 하지만 결과는 불합
격. 상심하고 있던 차에, 함께 지원했던 나사렛대 음
악목회학과 에서 예비합격 소식이 날아들었다. 지원
은 예비합격자 1순위로 최종 합격하였다.

● 음악목회학과
음악목회학과로 입
학하였으나, 2학년
때 실용음악과로 전
과하였음

(영식) "대학 입시하면서 애들 엄마는 한예종만 생각을 해
　　　서 한군데만 지원하자고 했는데 제가 이제 혹시 모
　　　른다고 하나 더 써보자, 음악을 해야 되니까. 찾다
　　　보니까 이제 나사렛대학교가 있는 거예요. (…) 일
　　　단 나사렛대학교가 장애 학생들한테 오픈돼 있고,
　　　전체 학생의 한 4분의 1 정도가 장애 학생이에요.
　　　그리고 **장애학생지원센터**도 너무 잘 돼 있고, 그
　　　래서 거기를 간 게 천만다행인 거죠."

● 장애학생지원센터
↗ p.114

　천안 나사렛대학교는 교육부 주관「대학 장애학
생 교육복지 지원 평가」에서 2004년부터 연속 7회
에 걸쳐 전국 최우수 대학으로 선정되었으며, 2024
년 장애 학생 맞춤형 진로 및 취업 지원 거점대학으
로 선정되는 등 장애 학생에 대한 교육과 진로 지원
에 특화된 대학이다. 덕분에 지원은 주변의 걱정과
우려와 달리 안정된 대학 생활을 보낼 수 있었다.

(진숙) "나사렛대학교가 정말 장애 학생에 대한 배려와 교
　　　수님들의 인식. 일단 그게 너무 편한 거예요. 제가 교
　　　수님한테 가서 저희 아이는 이런 저런 장애가 있어서

나사렛대학교 재학 당시

이건 이렇게 해주셔야 (이런 설명이 필요 없어요) 장애 학생이 워낙 많기 때문에
교수님, 강사님들이 벌써 장애 학생에 대한 인식이 다 되어 있으세요."

대학 생활에서 가장 큰 도움이 된 제도는 학교 내 장애학생지원센터였다.
나사렛대의 경우 다수의 장애 학생이 재학 중이었기 때문에, 장애학생지원센
터가 더욱 체계적으로 운영되고 있었다.

(진숙) "(대학 생활에)중요한 역할을 한 게 장애학생지원센터 (…) 도움을 정말 많
이 받았어요."

전공 필수 과목을 제외한 교양 과목 등의 수강에 있어 발달장애인인 지원이
수강하는 데 어려움이 없는 교과목을 추천해 주고, 일부 과목에 한해서는 온
라인 수업이 가능한 열린 사이버 대학에 대한 정보 등을 제공해 준 것도 장애
학생지원센터였다. 외국어 등 일부 수업은 발달장애 대학생만을 위한 수준별

수업이 개설되는가 하면, 필기시험의 경우에도 장애 학생의 특성을 고려해 별도로 오픈북 테스트, 점자 시험지 제공 등이 이루어졌다.

대학 진학 후, 해를 거듭할수록 조금 느리지만 지원은 성장하고 있었다. 가장 먼저 변화를 느낀 건, 가족들이었다.

(진숙) "훈련이 됐던 것 같아요. 비대면 2년 동안 고등교육을 전 과목을 다 앉아서 들으면서 듣기(훈련)가 된 거예요. (…) 언어적으로도 되게 좋아지는 것 같아요. 대학에 가서 고등 교육을 받는다는 것 자체가 언어적으로도 사용하는 단어나 이런 언어 표현이라든지 그런 행동도 좀 의젓해지고 어쨌든 교수님 앞에서 계속 수업을 받아야 되고 긴 시간 동기들하고, 그러니까 동기들한테 페를 끼치면 안 될 걸 본인도 알 거 아니에요. 그러니까 조심스럽게 하고."

(송연) "언니가 예술단 단원들하고 얘기도 많이 하고 학교도 가고 하더니 말을 되게 무척 잘하더라고요. 엄마랑도 그런 이야기를 했는데 언니가 많이 바뀌었다고 (…) 훨씬 대화도 길어지고. 옛날에는 단답형이었거든요. 저도 그렇고 언

충남의 노래 전국 경연대회에 지원은 대학교 친구들과 함께 '민요자매와 고라니밴드'를 결성해 참가, 동상을 수상했다.

민요자매와 고라니밴드

니도 그랬는데 훨씬 대화도 길어지고 언니가 저한테 질문도 많이 하고. (전에는) 없었죠. 거의 제가 질문을 했던 것 같아요."

(영식) "발달장애인별로 개인차가 있고 시간이 걸리는 친구도 다르고 어떤 친구는 집 중해서 또 못 앉아 있기도 하고 다양한 경우들이 있겠지만 그대로 어쨌든 간에 그 시도는 충분히 해볼 가치는(있어요)."

지원이 대학 생활에서 얻은 또 하나는 예술인을 꿈꾸는 또래들과 음악으로 소통하고 교감하는 시간이었다. 지원은 매년 필수 전공과목의 실기시험으로 협연 무대를 준비하고 발표해야 했다. 그동안 혼자 혹은 동생하고만 무대에 올랐던 지원에게는 새롭고 중요한 경험이었다.

(진숙) "비장애인 학생들하고도 수업을 받고 또 나사렛대학교는 특수학과(재활자립학부)가 있어서 또 발달장애 학생들하고도 이렇게 섞여서 받는 수업도 저희가 일부러 선택해서 수강을 했어요. (…) 여기(대학) 안 왔으면 쉽게 싫(어하)은 음악도 접하는 그런 생활을 하지 못했잖아요. 집에서 노래는 할 수 있고 MR로 공연을 할 수 있지만 동기, 선배들이 드럼 쳐주고 기타 쳐주고 하면서 그

안에서 또 실기시험도 보고 연주회도 하고 이랬던 시간이 아마 지원이한테는 굉장히 큰 영양분이 됐을 것 같아요."

2021년에는 대학 친구들과 전국 경연대회에 나가기도 했다. 충남도에서 주최한 '충남의노래 전국경연대회'에 지원은 동생 송연, 그리고 친구들과 함께 '민요자매와 고라니 밴드'를 결성해 참가했다. 국악 보컬과 현대음악을 조화시킨 '민요자매와 고라니 밴드'는 동상을 차지했다.

(영식) "대학에 가면 사회성도 길러지고 타인과의, 배려심도 생기고 다양한 경험 (외에도) 저는 지원이가 학교 간 거에 대해서 문화예술교육을 하는 시간이 더 길어진 걸로 생각을 하는 거죠. (…) (대학에 가지 않았어도) 국악 레슨도 받고 했겠지만, 음악적인 거 다양한 합창이라든지 이런 과목을 듣고 하면서 음악 교육하는 기간이 더 길어지고, 또래 아이들과 협력하고 특히 교수님과 소통이 되잖아요. (…) 사회적 인맥이 더 넓어지는 것 같아요. (…) 등록금부터 여러 가지 노력이 필요하지만, 인생 전체를 본다고 하면 예술인으로 평생을 살아야 하는데 소중한 자원, 재료가 많이 쌓인 거죠."

(진숙) "지원이로 인해서, 실용음악과에 발달장애 학생이 처음으로 혼자 다니는 사례가 됐잖아요. 지원이를 보면서 선배 동기 학생들이 또 많은 장애인식 개선이 됐을 거예요."

"신나게! 무대를 즐기며! 소리 질러!"

: 국안인으로서의 공연과 창작 활동

올해의 장애인

올해의 장애인상은 1996년 우리나라의 제1회 루즈벨트 국제장애인상 수상을 계기로 제정되었다. 사회 각 분야에서 장애인 인권 향상, 장애인 복지 및 사회 발전에 기여한 장애인 등을 매년 선정하여 대통령상과 상금을 수여한다.

대학에 다니는 동안에도 지원을 찾는 무대는 끊이지 않았다. 매년 100회를 넘는 공연을 소화하며 지원은 바쁜 날을 보냈다. 2019년부터 2022년에 이르기까지 공주시 충남연정국악원 정기연주회와 기획연주회에 다수 출연했고, 2022년 7월에는 서울국립국악원 대극장 '예악당' 무대에도 올랐다. 2020년에는 '올해의 장애인'에 선정되어 대통령상을 받는 영예를 안기도 했다. 지원은 중증장애 예술인으로 장애 인식 개선을 위한 재능 기부, 장애인 문화예술 발전, 한국 장애 예술의 우수성과 국악의 위상을 세계에 드높인 공로를 인정받아 수상자

2020 제24회 올해의 장애인상(대통령상) 시상식에서

로 이름을 올렸다. 시상을 기념하여 국악인 송소희와 '홀로 아리랑'을 함께 노래하는 무대도 가졌다. 판소리에서 민요로 전공 분야를 바꿀 때, 큰 영향을 받았던 송소희와의 협연은 지원에게도 잊지 못할 추억이었다.

그 밖에도 2021 **포스코 1% 나눔재단의 '만남이 예술이 되다'** 지원 대상자 선정, 2021 복사골국악대제전 전국국악경연대회, 문학산 경기12잡가기악 전국국악경연대회 민요 일반부 대상, 2022 이음가요제 금상 등 각종 경연대회에서 실력을 인정받았다. 고등학교 입학 이후, 전국의 각종 장애 예술인 음악 경연대회를 석권한 지원은 이제 장애 예술계를 넘어 동료 음악가들과 함께 나란히 어깨를 겨누는 무대를 준비하고 있다.

포스코 1% 나눔 재단의 '만남이 예술이 되다'
↗ p.135

(진숙) "지원이가 나갈 수 있는 장애인대회는 다 나갔어요. 전국에 있는. 국악도 그렇고 상도 타고. 근데 이제 그걸 좀 넘어서서 비장애인이 하는 경연 따로 이렇게 장애인 비장애인 이게 아니잖아요. 이거는 정말 **청소년 전국 경연대회**인데, 여기에 나가고 싶은 거예요. 장애인이라는 타이틀을 벗고. 그래서 송연이와 함께 이렇게 출전을 했는데 너무 운 좋게 또 7인에 (뽑혀서) 본선 진출이 돼서."

청소년 전국 경연대회
↗ p.130

한편, 2021년에는 '민요자매'의 정규 1집 앨범 〈만남〉이 (사)국제장애인문화교류협회중앙회의 지원을 받아 발매됐다. 〈만남〉에는 국악찬양과 국악가요로 구성된 총 8곡이 수록되었다. 타이틀곡 '우리 함께 걸어요'를 비롯해 '내가 나의 된 것은', '사람 낚는 어부', '아름다운 동행' 등은 각종 음원 사이트에서 만나볼 수 있다.

2020년에는 지원이 정단원으로 활동하고 있는 한국장애인국제예술단의 제작 지원으로 디지털 싱글 음반 〈빛나고 아름답게〉 신곡을 발표했다. 코로나19를 겪고 있던 당시 희망과 용기의 메시지를 담고 있던 만큼 해당 음원의 수익금은 전액 기부하기도 했다.

● 한국장애인
  문화예술원
  창·제작 및 향유
  지원 사업
  ↗ p.142

2024년에는 **한국장애인문화예술원의 창·제작 및 향유 지원 사업**에 선정되어 첫 번째 미니앨범 〈사시장춘(四時長春)〉을 발매했다. 미니앨범에는 '신노랫가락', '고마워요', '사시장춘' 3곡의 음원이 담겼다. 그리고 올해는 미니앨범에 수록된 곡들을 활용한 문화 공연을 펼칠 예정이다.

(영식) "(장문원 사업에 선정되어)작년에 음원 3개가 나왔고 올해는 이제 음원을 바탕으로 해서, 그냥 묵혀두면 안 되니까, 저희가 장애인 거주시설에 찾아가는 문화 공연을 잡았어요. 연 2회. MR로 하면 재미가 없으니까, 비장애인분들이 참여하는 라이브 밴드를 만들어서, 공연을 하는데 유명하신 분들이 참여하게 돼서 학교 다닐 때 했던 경험들이 사회에 나가서도 이렇게 잘 활용이 되고."

지원의 음악적 기량과 함께 장애 예술을 통해 장애 인식 개선에 기여하는 역할도 꾸준히 해나갔다. 계룡세계

지원이 출연한 〈인간극장〉 방송 장면

군문화엑스포, 세계유산축전, 장애인문화예술축제
A+ Festival, 한국장애인고용공단 등에서 홍보대
사로 활동하며, KBS 〈아침마당〉, 〈인간극장〉을 비
롯해 다수의 방송에 출연했다. 지원과 송연의 이야기
를 모티브로 한 동화책이 출간됐으며, 교육부 국립특
수교육원 교재에 민요자매의 사례가 실리기도 했다.

국내에서 공연과 재능기부 봉사를 이어가는 틈
틈이 해외 무대에도 서고 있다. 2024년 봄에는
프랑스 파리의 유서 깊은 공연장 '살가보(Salle
Gaveau)'에서 한국장애인문화예술단체총연합회 '스
페셜K 예술단'의 일원으로 송연과 함께 민요자매 무
대를 선보였다. 이때 지원은 한국어로 "소리 질러!"
를 외쳐 관객들의 호응을 끌어내며 베테랑 국악인으
로서의 무대 매너를 보여주기도 했다. 또 몇 달 뒤 여
름에는 2024 파리 패럴림픽을 기념하여 대한장애인

● 동화책
민요자매와 문어래
퍼, 고정욱 글, 김도
아 그림, 다림 출판
사, 2020

(사)한국장애인문화
예술단체총연합회
↗ p.144

스페셜K예술단
'S-Teller'
↗ p.136

079

체육회가 주최한 '대한민국의 밤' 행사에 초청받아 아름다운 하모니와 감동적인 무대를 선보였다.

2024 프랑스 파리 패럴림픽 초청 공연 당시

2024년 한국장애인문화예술단체총연합회 '스페셜K예술단'의 일원으로 프랑스 파리에서 공연한 민요자매.

파리 시내에서 민요자매

"안정적인 고용은 장애예술인의 간절한 바람"

: 세종교육청 장애예술단 입사

최근에는 예술도 노동으로 인정해야 한다는 사회적 인식의 변화가 커지면서, 예술 분야의 고용과 생활 안정을 위한 다양한 제도와 정책 제안이 이뤄지고 있다. 특히 장애 예술인의 경우 고용 불안에 더 취약한 소수자로, 지속적인 예술 활동은 물론 생계에 대한 고민은 더 클 수밖에 없다. 지원 역시, 고등학교 1학년 이후 장애 예술계의 신예로 떠오르면서, 지금까지 공연 섭외가 계속되고 있지만 대중의 관심과 사랑이 언제까지 지속될지 불안하기는 다른 예술인들과 마찬가지였다. 대학 진학 역시 이런 상황을 고려해 지원만의 경쟁력을 키우기 위한 선택이었다. 이런 가운데, 대학교 3학년 때 지원에게 주어진 세종교육청 장애예술단 입단 제의는 정말 '꿈 같은 일'이었다.

세종교육청 장애인예술단 '어울림'의 첫 해외공연 모습

(진숙) "우리가, 장애 예술인들이 가장 꿈꿔오는 취업이 더라고요. '얘가 공무원이 된다고?'"

(영식) "일단 공공기관 최초였기 때문에 이게 또 하나의 좋은 사례가 되어서 많이 전파가 되면 좋을 것 같기도 하고, 좀 새로운 기회인 것 같더라고요."

한편 세종시교육청 장애인예술단 '어울림'은 2022년 전국 공공기관 및 시·도 교육청 최초로 창단된 장애인예술단으로, 지역 내 학교 및 외부 기관에서 문화예술 공연을 통한 장애인식 교육, 정기 공연 등을 실시하고 있다. 세종시교육청을 선두로 제주특별자치도교육청과 경북도교육청 등이 교육청 소속 장애인예술단을 창단했다.

세종시교육청 장애인예술단 '어울림' ➤ p.136

(진숙) "9시부터 출근하면 공연이 있다, 그럴 때는 8시까지 올 때도 있고 (…) 휴게시간까지 해서 오후 1시 30분까지 근무하는데 보통 한 달에 6~7회 정도 (공연이 있어요.) 세종시 관내 유치원, 초등학교, 중학교, 고등학교에 가서 공연을 하면서, 장애인식 개선 공연을 해요. (…) 공연이 없는 날은 파트별로 강사 선생님들이 오세요. 보컬 지도, 악기 지도 (…) 요일별로 오셔서 지도를 해주시고."

지원은 2022년 세종시교육청 장애인예술단 계약직 단원으로 입사해, 2년 간의 비정규직 단원 생활을 마치고 2024년 정규직으로 전환되었다. 국내의 경우 민간기업의 장애인 고용이나 사회적기업 형태

세종교육청 장애인예술단 '어울림'의 2023년 정기연주회 모습

의 장애예술단이 운영되고는 있으나 민간기업의 특성상 기업의 의지나 여건 등에 따라 예술단의 지속 가능한 취업, 안정적인 고용이 보장되기 어려운 경우가 대다수다.

2021년 장애 예술인 예술 활동 실태조사[6]에 의하면 장애 예술인 취업 형태는 정규직 6.1%, 문화예술 활동 수입은 월 18만 원으로 고용 상태가 매우 불안정해 경제적으로 어려움을 겪고 있는 것으로 나타났다. 고용형태는 1년 계약 후 연장 1회를 포함해 2년까지 근무하는 비정규직이 대다수인 걸로 나타났다.[7]

(영식) "(기업에서 운영하는 예술단은)2년이 지나면 정규직화해야 되는데, 그래서 2년이 딱 되면 끝나고. 또 다른 회사하고 또다시 계약하고, 또 계속 계약직만 유지가 되는 건데. 정규직으로 이제 안 되려고 좀 이렇게 편법을 쓰고."

방귀희 (사)한국장애예술인협회 대표는 장애 예술인 예술 활동 실태조사를 통해 드러난 장애예술인들의 고용 불안정 상황을 짚으며 지원의 세종시교육청 장애예술단 입단과 같은 사례가 늘어나야 한다고 말했다. 더불어 장애 예술인의 안정적인 예술 활동을 위해 2020년 제정된 「장애예술인지원법」이 제정됐지만 아직 장애 예술인의 창작을 완전히 보장하고 있지 않다며, 현장에서 법 실현이 이뤄지기 위해서는 장애 예술인을 포함해 사회 전반의 인식 개선과 노력이 필요하다고 강조했다. 진숙과 영식 역시, 같은 의견을 피력했다.

(귀희) "2020년에 장애예술인지원법이 만들어져요. (…) 8년 정도 노력해서 그 법을 만들었는데 (…) 가장 중요한 건 9조, 10조, 11조가 있어요. 9조는 장애 예술인을 지원해 주라는 거예요. 예술은 선순환이 먼저 돼야 해요. 투자를 먼저 해야 돼요. 그림을 그리려고 해도 물감도 사야 되고, 뭐도 사야 하고 또 레슨도 받아야 되고 음악도 마찬가지예요. 무대에 올라가려면 의상이 (…) 악기 하는 사람은 악기도 있어야 되고 (…) 10조는 장애 예술인들이 곳곳에 참여를 해야 된다는 거예요. **장애 예술인 공공쿼터제**를 원하고 있어요. 예를 들어서 공연할 때 장애 예술인들을 2%나 3%를 같이 출연시켜 달라는 거죠. 11조는 **장애 예술인 고용지원제도**예요. (체육) 선수들은 하거든요. 똑같이 장애 예술인도 고용해 달라는 거예요. 지금 지원 씨도 고용된 상태

● 장애 예술인 창작물
우선 구매 제도
↗ p.123

잖아요. (…) 법만 만들어지면 또 안 돼요. 그 법을 운
영할 수 있는 제도가 만들어져야 되는데 (…) 그래서
장애 예술인 창작물 우선 구매 제도 이런 것이 좀 활성
화됐으면 좋겠다. 이런 것이 지금 (장애 예술인과 관
련해) 가장 중요한 의제예요. (…) 장애 예술을 (방송
프로그램에서) PPL로 사용해 달라. 장애 예술인들이
그린 그림을, 두 주인공이 (장애 예술)공연을 같이 보
러 간다든지 (…) 우선 방송 매체가 바뀌어야 되거든요.
방송매체는 장애인 인식 개선에 아주 강력한 도구예요.
(…) 우영우 같은 경우도 굉장히 사랑스럽게 나오니까
사람들이 너무 좋아하잖아요. (…) 그런 것처럼 (장애
인) 노출 빈도를 높이는 것이 굉장히 중요해요."

(영식) "우리나라에도 스티븐 호킹 박사 이런 분처럼 장애인임
에도 불구하고 인류에 기여할 수 있는 그런 과학자나 이

항저우 아시안 패러게임 초청 공연을 앞두고

2022년, 지원

런 분들이 있었으면 좋겠고. (…) '(이상한 변호사) 우영우' 드라마라든지 박 위 유튜버 이런 분들이 많이 이렇게 나오잖아요. 그런 분들이 좀 많이 TV에 나 오고 알려지고 해서 장애에 대한 걸 좀 이렇게 편하게 받아들일 수 있었으면 좋 겠어요."

(진숙) "열린음악회도 장애인의 날 특집(때만 장애 예술인들이) 나가잖아요. 그러 지 말고 평소에도 비장애인 가수 나오면 장애인들도 가수, 무용수 많잖아 요. (…) 근데 장애인의 날만 휠체어 탄 사람이 나오니까 무슨 희귀한 사람 본 것처럼."

(영식) "저는 도립이나 시립 (…) 예술단에 이제 장애인 TO가 생기는 것. 30명이 있

으면 1~2명은 장애인 예술단원으로 의무 고용을 하게끔 된다면. (…) 국립(장애인)예술단이 생기면 그게 또 오히려 역차별이라든지 편견을 좀 더 획일화, 고착화시킬 수 있을 것 같아서 그냥 국립예술단 안에 장애인 TO가 있다든지(하면 좋겠어요)."

"문화유산 전수자에 도전하다"

: 진로에 대한 고민과 자기 역량 계발

한편 대학 입시를 마친 이후 지원에게 필요한 교육의 방향성에 대한 고민이 시작됐다. 이제는 대학 입시를 위한 준비에서 벗어나, 본격적인 예술인으로서 갖춰야 할 음악적 기량과 경기민요를 전공한 국악인으로서의 자기 계발, 공연자로서의 무대 매너와 노하우 등을 쌓아나가야 했다. 대학 교육만으로는 부족했다.

(진숙) "대학을 가고 나서는 이제 입시 위주도 아니기 때문에 지원이한테 좀 공연을 더 이렇게, 공연을 할 수 있게 만들어주는 선생님이었으면 좋겠다. 그래서 또 한 번 (지도교사를) 바꾸는(계기가 됐죠.) (…) 행사를 다니면서 여기에 맞게 좀 우리 아이의 발림을 봐주신다든지, 여기에 맞는 곡을 선정해 주신다든지 곡을 좀 지도해준다든지. (…) 저희는 자유롭게 공연해야 되는데 입시 위주로 하는 선생님하고는 또 조금 안 맞잖아요. 그럴 때 또 변화를 주고 했어요. 그래서 지금의 인간문화재 이춘희 선생님(을 만나게 됐죠)."

(영식) "지원이 입장에서 본다면 어쨌든 간에 외부 활동을 자꾸 이제 교육을, 연습을

해서 하는 게 굉장히 중요한 상황이고. 그렇게 해서 이제 본인이 어떤 소질이 더 이렇게 능력이 좋아진 것도 있지만 사회성이 길러지는 부분이 있기 때문에 이제 가능하면 저희가 여력이 닿는 만큼은 최대한 많이 교육을 시키려고 하거든요. (…) 교육은 많이 노출이 될수록 얘한테 무조건 도움이 된다고 생각하기 때문에 가능하면 무조건 하는(편이죠)."

2021년 대학교 2학년 때, 지원은 국가무형유산 경기민요 보유자 이춘희 명창과 인연을 맺게 된다. 지인을 통해 이춘희 명창과의 만남이 이루어졌고, 첫 만남에서 이춘희 명창은 지원을 제자로 받아들였다. 지원에게도 그랬지만, 발달장애 제자가 처음인 이춘희 명창에게도 지원과의 인연은 특별한 도전이었다.

(춘희) "지도하면서 보면 굉장히 가락을 타면서 아주 즐거운 모습으로 하는 걸 보고. 아, 얘(지원)는 진짜 참 그만하다가 말 아이가 아니다. 그걸 제가 많이 느껴요. (…) 경기민요를 진짜 좋아하는 잘 해야 되겠다는 마음이 아주 가득하게 있다는 게 보이고 (…) 저는 지적장애다. 하면 대화가 안 되고 외골수적인 그런 뭔가가 있다고 편견을 가졌었는데, 지원이를 통해서는 그게 없어요. (…) 전수 시험을 볼 때 얘가 시험을 과연 볼 수 있을까 (걱정

A+장애인문화예술축제에 홍보대사로 가수 김장훈, 김종서와 함께 노래하고 있는 민요자매

했는데), 그 가사를 처음에 시작하면 끝까지 다 했었어요. 그걸 다 한 거예요. 그래서 깜짝 놀랐어요. (…) 아이가 반듯하고 뭐 산만하지 않고 아주 발라요. 이렇게 앉은 자세라든가 공부하는 태도라든가. 눈동자 하나 흩어지지 않고 그렇게 열심히 하고 있어요."

지원은 대학 생활과 직장 생활(세종시교육청 장애인 예술단)을 병행하며 틈틈이 개인적인 공연 스케줄을 소화했고, 주말마다 서울에 올라가 이춘희 명창으로부터 **경기민요 전수자** 심사를 위한 교육을 받았다. 그리고 2022년 전수자 시험을 당당히 통과해 발달장애인으로는 최초로 국가무형유산 경기민요 전수자가 되었다. 전수자 시험은 블라인드 테스트로 경기잡가 6곡 가운데 본인 추첨으로 정해진 곡과 심사위원이 심사장에서 지정한 곡 등을 부르는 방식으로 이뤄진다. 한편, 서민의 애환을 담은 서사적인 내용을 담고 있는 경기잡가는 곡조가 느리고 서설이 길어 12곡을 완창하는 데 3~4시간이나 걸릴 만큼 힘이 드는 노래로 알려져 있다.

● **경기민요 전수자**
전수자는 「무형유산 보전 및 진흥에 관한 법률」에 따라 보유자 또는 보유단체, 전승교육사, 전수교육학교로부터 해당 종목의 기능 예능 교육 받은 자를 가리킨다. 해당 종목 전수교육을 만 3년 이상 받은 전수자는 관련 절차에 따라 이수 심사를 거쳐 이수자가 될 수 있다.

(춘희) "시험이 사실은 어려워요. 12개를 다 알아야. (…) (1곡당 10분이 넘는) 12곡을 모두 외우고 그중에 무작위로 2, 3곡을(보는 거예요). 3~4년을 공부를, 몰입을 해야 그 가사가 다 습득이 되고. 시험 보려고 그러면 잊어버리거나 그러잖아요. 떨리고. 엄청 떨죠. (…) 얘(지원이)가 목이 좋으니까 그 아주 나무랄 데가 없이 좋아요. (…) (전에는) 지원이 같은 (장애) 아이들이 배운다는 건 상상도 못 했는데 지원이가 이제 그 틀

을 사실은 바꿔놓은 것 같아요. 지원이 정도의 몰입을 두고 있는 아이라면 누구든지 할 수 있다고 생각해요. (…)아기들이 말을 배울 때도 한 번에 그 어려운 말을 다 하는 게 아니고 (…) 다 차례대로 그렇게 하듯이 (…) (다른 장애인들도) 한번 도전해 보시고 희망을 가져보시면 어떨까."

지원이 지금까지 학교 밖에서 만난 음악 스승은 모두 세 명이다. 박동진 판소리전수관의 김양숙 전승교수, 이금미 경기민요 명창, 경기민요 보유자 이춘희 명창까지. 모두 국악계에서는 유명한 예술인이자 지도자로 알려진 분들이다. 이처럼 좋은 스승을 만나고 오랜 시간 사제의 연을 이어올수 있었던 데에도 진숙과 영식, 지원의 노력이 있었다.

(진숙) "장애가 심한 아이들은 선생님의 마인드가 되게 중요해요. 왜냐하면 이 아이들은 쉽게 이야기를 해줘야 되고 다 말로 설명을 해줘야 되고 무한 반복을 해야 되는데 (쉽지 않죠.) (…) 성악을 하는데 이 아이를 한 달 가르치면 선생님이 그만둔다고 한 대요. (…) 계속 시키고 싶은데 선생님이 없는 거예요. (…) 고민을 하는 엄마들도 많아요. (…) (지원의 경우) 선생님들도 다른 제자들한테 하는 것보다 조금 더 쉽게 풀이해 주시고 또 진도도 많이 나가실 걸 반복적으로 해서 이렇게 해주시고 맞춤형으로 해주셨던 거 같아요."

(영식) "저희 아이의 특징에 대해서 설명을 최대한 많이 드리죠. 물론 이제 말로 다 표현할 수 없는 부분도 있고 하니까 좀 이렇게 접해보면서 알아 가셔야 되는 부분도 있겠지만, 그래도 이제 장애인 제자가 처음이고 하니까 최대한 많이 설명을 좀 이렇게 하려고 노력을 했고 그 상황을 좀 이해하면서 비장애인 제자하고 같을 수는 없으니까 배려도 해주고 좀 이렇게 아이의 눈높이에서 가져올 수 있는 그런 좀 포용적인 부분도 많이 본 것 같고."

"도망치기 바빴던 엄마에서 전문 매니저로"

: 어머니 진숙의 자기 계발과 성장

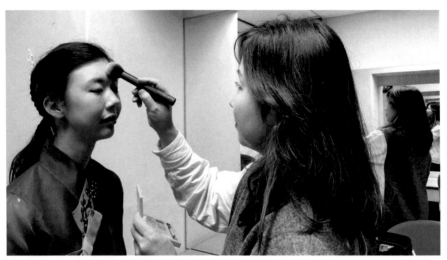

무대에 오르기 전 지원에게 메이크업을 해주고 있는 진숙

　지원의 무대 뒤에는 항상 진숙이 있다. 지원이 예술가로서의 삶을 살기 시작하면서, 진숙은 지원의 보호자이자 예술인 매니저로서의 삶을 살고 있다. 처음에는 단순히 딸이 무대에서 노래하고 관객들에게 박수를 받는 모습을 지켜보는 '보호자'였다면 지금은 예술인의 컨디션 관리부터 일정, 계약 업무를 전문적으로 하는 매니저이자, 의상과 헤어, 화장 등의 연출을 책임지는 코디네이터다. 행사의 특성을 고려해 지도교사, 공연기획자와 함께 선곡하고 무대 의상 컨셉을 정하는 것도 진숙의 몫이다. 지원의 음원 발매를 위해 필요한 작곡가나 세션을 섭외하는 것도 마찬가지다. 이처럼 진숙 역시 자신의 역량을 계발하고 발휘하는 과정을 통해 자기 성장과 성취감을 느끼고 있었다. 지원을 낳고 오랫동안 '도망치고 숨기에 바빴던' 진숙을 생각하면 이런 변화는 진숙 본인은 물론이고 영식에게도 반갑고 고마운 일이다.

예술가이자 딸인 지원과 매니저이자 엄마인 진숙의 무대 뒤 모습

(진숙) "제 일이 엄마로서 또 매니저로서 (…) 저는 만족해요. (…) 저도 이제 가
장 큰 재산은 인맥. 각 행사를 다니면서 정말 많은 출연진도 만나고 기획하
시는 담당자분도 만나고. (…) 해외 공연 때는 우리 아리랑 노래를 꼭 가
져가고 의상도 가장 전통 한복, 한국적인. 헤어 장신구까지도. 그렇게 준
비해서 가고 있어요."

(영식) "제가 보기엔 (아내의) 인적 네트워크도 물론 좋아졌는데 계속 이제 애들
하고 머리 맞대고 이렇게 연습하고 교육하고 고민하고 하다 보면 이제 옷
패션 감각이라든지 노래 실력이라든지 이런 것들이 계속 유지가 되는 것 같
아요. 좀 이렇게 발전하고. (…) 물론 지원이는 선천적으로 재능이 있었어
요. 제가 보기에는. (그런데) 발달장애인 특성상 이제 자라면서 훈련이나
교육을 통해서 나아지고 더 확대되는 부분이 분명히 있고 이제 엄마가 엄
마의 인생을 거의 포기하다시피 하고 본인의 시간이 전혀 없는 상태일 정도
로 매달려서 이제 해온 거기 때문에 다른 부모님들이 받아들이실 때, 부모

2023 '예술가의 장한 어버이상'을 수상한 후 유인촌 장관과 기념 촬영 중인 진숙

의 노력 플러스 지원이의 재능이 같이 결합이 되어서 큰 어떤 성과가 나왔다고 판단하시면 좋을 것 같아요. 그냥 단순하게 '쟤는 특별한 아이기 때문에 우리 아이는 이렇게 재능이 없어서 해도 안 될 거야'라고 미리 포기하지 말고."

한편, 진숙과 영식은 2017년 TJB, 삼성전기 주최 전국장애학생음악콩쿠르에서 장한어버이상을 진숙은 2019년 자랑스러운 한국장애인상위원회의 '자랑스러운 어머니상', 2021년 문화체육관광부가 주최하고 한국장애인문화협회에서 주관한 대한민국장애인문화예술대상에서 장한어버이상, 2023년 문화체육관광부가 주최한 문화예술발전유공 시상식에서 '예술가의 장한 어버이상' 등을 수상했다.

"지원이만 잘 되는 건 의미가 없죠"

: 장애 문화예술교육, '시혜' 아닌 '권리'로

영식과 진숙은 지원으로 인해 장애 예술계에 발을 담그면서, 또 장애인 단체의 대표로 일하게 되면서, 장애인을 위한 문화예술교육의 긍정적인 효과와 필요에 대해 느끼게 됐다. 특히 장애 청소년이 공교육을 마치고 성인기로 접어드는 시점에 '보호작업장'과 '직업훈련센터' 등으로 이뤄지는 일률단편적인 과정에 아쉬움이 컸다. 이는 장애인과 관련된 제도를 권리와 복지로서의 '공정한 기회'로 보지 않고 '시혜적 복지'로 보는 시선에 비롯된다. 지원이 예술인으로서 성장하는 과정을 통해 발달장애인도 여느 아동, 청소년들처럼 자신의 독특한 개성과 재능을 살려 다채로운 미래를 설계할 수 있다는 가능성을 겪었기 때문에 그 안타까움은 더 컸다.

(진숙) "안타까운 거는 부모님들이 (…) 특수학교 졸업해서 전공과 나와서 취업. 이렇게 하려고 하는데 그 아이들 중에 또 예술을 좋아하는 아이들이 있고 재능이 있는 아이들이 있거든요. (…) 또 예술을 통해서 아이들이 밝아질 수 있고 사회성도 좋아질 수 있고 (…) 아이들에게 다양하게 좀 시켜봤으면 좋겠(어요). (…) 정부에서조차도 발달장애 어린 친구들인데 일단은 졸업 후에 일자리를 찾아야 하니까 보호작업장 이런 데로 이제 보내야 하는 그런 직업 훈련 센터가 좀 많이 있잖아요. (…) 근데 부모님은 취직을 시켜야 되

니까 아이를 이제 훈련센터에 하루 종일 보내는 거죠."

(영식) "오전에 근무하고 오후에는 문화예술교육 이런 걸 받아서 소질 계발도 하고 아니면 취미로 활동도 하고 그렇게 하면 오히려 더 삶이 풍성해질 수 있잖아요. (직업훈련이) 나쁘다는 건 아닌데 병행을 해야 하는 게 좋거든요. 아이들이 하나만 이렇게 해서는 오래 버티지 못하고. (…) 발달장애인 친구들이 학령기가 지나고 성인이 되면 부모님들이 가장 고민이 아이가 집에 있다는 거죠. (…) 복지관 같은 경우에 프로그램 간다고 해도 일주일에 두세 번 1시간씩밖에 못 가고 하니까 주로 집에 있는 거죠. 아이가 집에 있으면 부모님들은 할 수 있는 게 없어요. 같이 집에 있어야 해요. 먹이고 재우고 해야 되는 거기 때문에 한 명은 무조건. (…) 이 친구들이 시설에 가지 않고 집에 있으면서 낮에 출퇴근하면서 예술교육도 받고 일자리 훈련도 받고 돌봄도 받고 밥도 먹을 수 있는 그런 공간이 많이 필요한 거죠. (…) **최중증 발달장애인 돌봄센터. 365일 쉼터** 이런 게 있거든요. (…) 그런 인프라들이 국가에서 국비로 만들어주면 훨씬 부담이 줄어들겠죠."

● **최중증 발달장애인 돌봄센터**
발달장애인지원센터 / 최중증 발달장애인 통합돌봄서비스
↱ p.116

● **365일 쉼터**
경기도 장애인 365일 쉼터
↱ p.118

방귀희 대표 역시, 장애인을 위한 문화예술교육의 필요성에 공감했다. 더불어 장애 체육 분야와 마찬가지로 장애 문화예술 분야 역시 엘리트 교육과 평생 교육으로 분류하고 체계화된 제도와 시스템이 필요하다고 강조했다.

(귀희) "체육도 엘리트 체육이 있고 생활 체육이 있잖아요.

여기도 마찬가지예요. (…) 두 트랙으로 좀 만들었으면 좋겠어요. (…) 옛날에는 사회복지학과 또 특수교육학과분이 안 받아줬었거든요. 근데 지금은 제법 다양한 학과에서 (장애인)을 받아들이고 있어요. (…) 평생 교육원에서 장애인 문화예술 교육을 실시(할 필요가 있어요.) (…) 장애인 시설이 없어서 없다(고 하는데) (…) 별도의 공간을 만들려고 생각하면 (할 수 없어요). 그거야말로 통합으로 같이 시작하는 것이 맞다고 생각하고 지금 활동하고 있는 예술인한테는 심화 교육이 필요해요.ˮ

"우리 모두는 함께 한다"

: 대학원 입학과 앞으로의 비전

2024년 8월 지원은 또 한 번의 도전 끝에 새로운 꿈을 이루게 되었다. 중앙대학교 국악교육대학원에 합격한 것이다. 5차 인터뷰를 위해 지원을 만난 지난 8월, 지원이 건넨 첫 마디는 "대학원에 합격했어요"였다. 지원은 그 무렵 보는 사람마다 '대학원 합격 소식'을 알리느라 바빴다. 왜 아니겠는가. 중앙대 국악교육대학원에 발달장애 학생이 입학한 것은 이번이 처음이다. 지원의 대학원 입학은, 장애인은 물론 장애 예술인들에게 꿈과 희망을 안겨주고 있다. 이와 더불어 장애 예술인들에게 끊임없는 자기 계발을 통해 성장하는 모습을 보여줌으로써 자기 삶에 대한 인식을 새롭게 하는 계기를 마련해주고 있다.

(귀희) "대학원에 도전하는 걸 보고 진짜 길을 잘 찾아가고 있구나(생각했어요). 발달장애를 가진 부모들이 우리 아이가 천재라고 생각할 때가 있대요. 너

국악교육대학원 합격 후 교내에서

무 잘하니까 못할 거라고 생각했는데. 근데 어느 날 갑자기 애들이 안 하려고
한 대요. 그래서 거기서 딱 멈춰버리는 예술인들이 있어요. (…) 그런 경우는
교육을 계속 받지 않았어요. 그러니까 (지속적인) 교육이 참 중요한 거죠."

　한편, 진숙과 영식은 지원의 대학원 진학을 준비하면서 또 한 번 지원의 미
래에 대한 청사진을 그려보았다. 그 과정에서 지원의 입장에 서보려고 애썼
다. 트론토의 돌봄 첫 단계는 '관심돌봄', 즉 돌봄의 필요를 알아차리는 데에
서 시작된다. 이후 도움의 필요에 대한 책임감을 갖는 '안심돌봄' 단계를 거쳐
'돌봄제공'이 이뤄지고, 제공한 돌봄에 대한 수혜자의 반응을 살피는 '돌봄수
혜' 단계를 거친다. 그리고 돌봄필요와 돌봄필요가 충족되는 방식이 모든 사
람을 위한 정의, 평등, 자유에 대한 민주적 기여와 상통하는 방향으로 나아가
는 '함께돌봄'으로 완성된다. 진숙과 영식의 지원에 대한 돌봄 역시 부모로서

의 기대와 욕망보다 지원의 필요와 욕구에 집중하고자 했다는 점 등에서
트론토의 돌봄 5단계[8]와 닿아 있다.

(영식) 지원이 입장을 많이 생각했던 것 같아요. 부모의 입장과 지원이 입장이 좀
　　　다를 수 있잖아요. 지원이는 자기 입장을 말하기 어려우니까, 지원이 입장
　　　을 한 번 생각을 해보려고 했던 것 같아요. 판소리에서 경기민요로 바꾼 것
　　　도 내가 만약에 지원이라면 뭐가 더 좋을까. 그래서 민요를 더 좋아할 것
　　　같아, 흥도 더 많고 따라 부르기도 많이 하고. (…) 항상 딜레마는 그거
　　　죠. (…) 뭘 정할 때 물어보고 상의할 수 (없잖아요). 지원이는 그게 안 되
　　　니까. (…) 그런데 지원이의 입장에서 본다라고 하면 답이 나온 게 많이 있
　　　는 것 같아요. 지원이 입장을 헤아려서 우리가 할 수 있는 부문만큼, 무리
　　　안 갈 정도에서 했던 것 같아요.

　‘우리 모두는 함께 한다(we are all in this together).’[9] 코로나19
팬데믹을 겪으면서 우리는 서로가 서로에게 상호의존적인 존재임을 또렷

국립특수교육원에서 진행한 인터뷰에서 민요자매

이 알게 됐다. 지원과 지원의 가족 역시, 장애인으로, 장애 가족으로 살면서 누구보다도 절실하게 느끼고 있었다. 지원이, 우리 모두가, 혼자는 살아갈 수 없다는 걸. 그래서 영식의 최종 꿈은 "지원이를 비롯해 모두가 함께 더불어 사는 세상"이다.

(영식) "(지원이는)부모 사후에도 아마 사회구성원으로서 (…) 개인적인 생활 말고도 누군가하고 교류하고 사회적 활동을 할 수 있는. 경제활동 포함해서, 그런 여건이 됐기 때문에 꾸준히 갈 수 있게끔 이제 계속 이렇게 교육도 시키고 자격증을 취득하고 이렇게 가는 게 비전인 것 같아요. (…) 지원이처럼 그런 활동을 할 수 있는 친구들도 많아졌으면 좋겠고. 아까 탈시설 말씀하셨는데 이제 그런 시설을 좀 벗어나서 꼭 문화예술 쪽이 아니더라도 사회적 고립 말고 좀 이렇게 교류할 수 있는 그런 여건이 더 많아졌으면 좋겠고요. (…) 지원이가 롤모델이 되어서 같은 길을 걷는 친구들이 더 많아져서 모두가 좀 잘 사는 그런 사회로 가는 게 최종 비전(이죠)."

지원은 말한다. "노래할 때가 가장 기쁘다"고. 그리고 가장 행복한 순간은 "혼자 노래할 때보다" 송연이나 '어울림' 단원들처럼 좋아하는 동료들과 "함께 노래할 때"다. "더 재미있고 신나"기 때문이다. 지원은 오래오래 노래하고 싶다. 혼자가 아닌 함께.

1   오연수, 「장애아동 어머니가 겪는 편견 및 차별경험 극복과정」, 한국콘텐츠학회, 『』 논문지 19(2) 2019
2   손ح재익, 「장애아동 아버지의 양육참여도와 어머니의 양육스트레스가 어머니의 양육효능감에 미치는 영향」, 한국유아특수교육학회, 『유아특수교육연구』, 10(3), 2010. 재인용.
3   시모 베라스, 리타 미에툴라 외, 『아무일도 없는 삶』, 쌤스토리, 2024
4   박승희, 『한국 장애학생 통합 교육 : 특수교육과 일반교육의 관계 재정립』, 교육과학사, 2003
5   이해영, 「일반학생을 대상으로 하는 장애인식개선 수업의 실제」, 현장특수교육 웹진, 2016 제23권, https://vvd.bz/fHqn(최종검색일 2024.09.25)
6   장애인예술연구소, 『장애예술인 고용지원제도 연구』, 도서출판 솟대, 2024
7   '장애인예술연구소, '장애예술인 고용지원제도 연구' 발표', 소셜임팩트뉴스, 2024.01.30일자, https://url.kr/fn2epk(최종검색일 24.09.30)
8   조안 C. 트론토, 『돌봄 민주주의』, 박영사, 2023
9   위의 책, 26쪽

2020년 대한민국 국악제 축하공연 무대에서

국악인 이지원

에헤라디야,
함께 가자

3부

〜〜〜〜

예비 장애예술인을
위한 정보

장애 | 제도

장애 | 단체 | 기관

장애예술 | 복지

장애예술 | 경연대회

장애예술 | 단체 | 기관

예술 | 일반

1 장애인복지법

장애인복지법은 1981년 6월 세계 장애자의 해를 기념으로 심신장애자복지법이라는 이름으로 제정되어, 1989년 12월 장애인복지법으로 개정되었다. 이 법은 장애인의 인간다운 삶과 권리보장을 위한 국가와 지방자치단체 등의 책임을 명백히 하고, 장애발생 예방과 장애인의 의료ㆍ교육ㆍ직업재활ㆍ생활환경개선 등에 관한 사업을 정하여 장애인복지대책을 종합적으로 추진하며, 장애인의 자립생활ㆍ보호 및 수당지급 등에 관하여 필요한 사항을 정하여 장애인의 생활안정에 기여하는 등 장애인의 복지와 사회활동 참여증진을 통하여 사회통합에 이바지함을 목적으로 한다. 법률에 명시된 주요 내용은 제4조(장애인의 권리), 제5조(장애인 및 보호자 등에 대한 의견수렴과 참여), 제7조(여성장애인의 권익보호 등) 제8조(차별금지 등), 제9조(국가와 지방자치단체의 책임), 제10조의2(장애인정책종합계획), 제25조(사회적 인식개선) 등이 있다.

2 장애인 차별금지 및 권리 구제 등에 관한 법률

장애인에 대한 차별금지와 차별에 대한 권리 구제를 규정한 법률로 2008년 4월 11일에 법률 제8974호로 정식 시행되었으며 여러 차례 개정을 통해 현재의 법령은 법률 제12035호로 시행 중에 있다. 이 법은 모든 생활영역에서 장애를 이유로 한 차별을 금지하고 장애를 이유로 차별받은 사람의 권익을 효과적으로 구제함으로써 장애인의 완전한 사회참여와 평등권 실현을 통하여 인간으로서의 존엄과 가치를 구현함을 목적으로 한다. 법률에는 제4조(차별행위)와 제5조(차별판단)을 바탕으로 제6조(차별금지)에 의거 누구든지 장애 또는 과거의 장애경력 또는 장애가 있다고 추측됨을 이유로 차별을 하여서는 아니 됨을 명시하고 있다.

3 장애인 등에 대한 특수교육법

장애인 등에 대한 특수교육법은 2007년 5월 25일 제정되어 2008년 5월 26일부터 시행되고 있다. 이 법은 「교육기본법」 제18조에 따라 국가 및 지방자치단체가 장애인 및 특별한 교육적 요구가 있는 사람에게 통합된 교육환경을 제공하고 생애주기에 따라 장애유형 · 장애정도의 특성을 고려한 교육을 실시하여 이들이 자아실현과 사회통합을 하는데 기여함을 목적으로 한다. 법률에는 제2장 국가 및 지방자치단체의 임무, 제3장 특수교육 대상자의 선정 및 학교배치 등, 제4장 영유아 및 초 · 중등교육 제5장 고등교육 등이 명시되어 있다.

4 발달장애인 부모상담지원

과중한 돌봄 부담을 가지고 있는 발달장애인 부모에게 집중적인 심리·정서적 상담 서비스를 제공하여 우울감 등 부정적 심리상태를 완화시켜 궁극적으로 발달장애인 가족의 기능 향상을 도모함

신청자격

「장애인복지법」 상 지적·자폐성 장애인으로 등록된 자녀의 부모 및 보호자지적장애 또는 자폐성 장애를 부장애로 가진 경우도 포함 발달장애인 자녀의 부모 동시 지원 가능

*단, 우선적으로 부모를 지원하는 것이 원칙이나, 부모가 발달장애인과 생계주거를 함께하지 못하는 경우, 발달장애인과 거주를 같이하면서 부모를 대신하여 발달장애인을 돌보는 보호자(2촌 이내)도 이용 가능

*기타요건
다만, 자녀가 영유아(만6세 미만)의 경우 장애등록이 되어있지 않은 경우, 발달장애(지적·자폐성)가 의심된다는 발달재활서비스 의뢰서 또는 최근 6개월 이내 발행된 의사소견서(진단서)로 대체 가능. 연령은 신청일을 기준으로 판정하되 대상자로 선정된 후 사업기간 중 만6세 도래 시에는 만6세가 되는 달까지 지원.

신청방법

주소지 주민센터에서 신청서 접수 후 등록요건 조사 등을 거쳐 결정

신청대상

서비스를 필요로 하는 본인 또는 가구원, 대리인 신청가능

**서비스
지원**

- 1인당 월 20만원 이하, 대상자 1인당 12개월 간 지원을 기본으로 함
- 대상자는 서비스 제공기관과 서비스 제공(이용) 계획 수립을 통해 이용 기간을 결정
- 대상자와 서비스 제공인력 상담 실시, 심리 · 정서 검사를 통한 욕구 확인 선행
- 발달장애인 부모에게 상담(개별/집단)지원
- 회당 50~100분, 월 3~4회 이상, 12개월 간 제공(특별한 경우 연장 최대 12개월 가능)
- 서비스 이용자에게 서비스 지원연장이 필요하다고 판단되는 경우 1회(최대 12개월)에 한하여 지원 연장 가능. 단, 대상자의 요청, 상담사 의견, 심리 · 정서 검사 등 확인 절차 필요

문 의

 보건복지부 콜센터 | 국번없이 **129**

 담당부서 | **보건복지부 장애인서비스과**

 홈페이지 | **https://www.mohw.go.kr/**

5 장애아 가족 양육 지원사업

중증장애아동에 대해 양육자의 질병, 사회활동 등 일시적 돌봄서비스 필요시 일정한 교육과정을 수료한 돌보미를 파견하여 장애아동 보호 및 휴식을 지원한다. 또 가족관계 회복 및 돌봄부담 경감을 위해 장애아 가족 문화/교육프로그램, 휴식 박람회, 가족 캠프 등 휴식지원 프로그램을 운영한다.

서비스 내용

서비스 제공기관 : 시도에서 지정을 받은 제공기관(시도별 1~2개소) 제공기관에서 돌보미를 장애아동 가정에 파견하여 서비스 제공

[돌보미 역할]
- 기본임무 : 학습 · 놀이활동, 안전 · 신변보호 처리, 외출지원 등 장애아 양육지원
- 장애아의 건강관리 및 응급조치 등 지원, 아동학대 발견 및 신고

신청대상

만12세 미만 장애아동, 장애인 복지법상 장애의 정도가 심한 장애인, 기준 중위소득 120% 이하

신청장소

주민등록상 주소지 읍면동 주민센터

신청방법

서비스를 필요로 하는 아동, 부모 또는 가구원, 대리인 신청 가능 및 복지담당공무원이 직권으로 신청 가능

 홈페이지 | **https://www.mohw.go.kr/**

6 장애인 활동 지원사업

신체적, 정신적 장애 등의 사유로 혼자 일상생활과 사회생활을
하기 어려운 모든 장애인에게 활동지원급여를 제공함으로써
자립생활과 사회참여를 지원하고 그 가족의 부담을 줄임으로써
장애인의 삶의 질 증진을 목적으로 한다.

**서비스
내용**

신체활동지원	목욕도움, 세면도움, 식사 도움, 실내이동 도움 등
가사활동지원	청소 및 주변정돈, 세탁, 취사 등
사회활동지원	등하교 및 출퇴근 보조지원, 외출 동행 등
방문목욕	가정방문 목욕제공
방문간호	간호, 진료, 요양상담, 구강위생 등

신청자격

만6세 이상 ~ 만65세 미만의 자로 혼자 일상생활과 사회생활을
하기 어려운 장애인복지법상 모든 등록 장애인

활동지원 급여를 받는 도중 만65세 도래에 따라 노인장기요양
인정 신청을 하여 등급 판정을 받은 사람(만65세 이하 노인성
등록 장애인도 신청 가능)

문 의

 신청방법 및 문의 | **주소지 읍면동 주민센터**

 장애인활동지원(국민연금공단)
https://www.ableservice.or.kr

사업안내(보건복지부)
https://url.kr/8tgek8

7 장애인 연금제도

장애로 인하여 근로상실 또는 현저한 감소로 생활이 어려운 중증장애인에게 매월 일정 금액을 연금으로 지급하여 생활안정을 지원하는 사회보장제도

서비스 내용

지급 대상 18세 이상의 장애인연금법상 중증장애인 중 본인과 배우자의 소득과 재산을 합산한 금액(소득인정액)이 선정기준액 이하인 사람

지급 방법 장애인연금을 신청한 수급자 본인 계좌에 입금, 매월 20일 지급 기준

신청방법

- 연중 수시로 가능
- 소득 · 재산조사 및 장애정도 재심사에 1개월 이상 소요되며, 지급 결정 월에 신청일이 속한 달의 급여까지 소급하여 지급
- 신청장소 : 주소지의 읍 · 면사무소 및 동 주민센터에서 신청 또는 온라인(복지로 홈페이지(www.bokjiro.go.kr)으로 신청
- 지참서류
  1. 신청인 신분증(주민등록증, 운전면허증, 장애인등록증, 여권 등) 대리 신청할 때에는 대리인 및 신청자의 신분증과 위임장 등을 지참
  2. 본인 명의의 통장사본
  3. 임대차 계약서 등의 소득재산 확인 서류
  4. 작성서류 (읍 · 면 · 동에 비치) : 사회보장급여 신청(변경)서, 소득 · 재산신고서, 금융정보 등 제공동의서
- 지급절차
  신청 > 자산조사 > 장애정도심사 > 지급 결정 > 결과통지 및 지급

문 의

 전화 | 주소지 주민센터 및 보건복지부 장애인자립기반과 **044-202-3323**

🖥 홈페이지 | **https://url.kr/x1wbq1(보건복지부)**

8 이루다협회

2008년 한국윌리엄스증후군협회로 시작해 윌리엄스증후군 질병코드 발급 및 산정특례 적용에 기여했으며, 2018년 이루다협회로 단체명을 변경하였다.

윌리엄스 증후군 환아들과 느린학습자(경계선급 장애아)들을 위한 치료, 연구, 교육, 사회적응 지원에 기여하고, 그 가족들을 위한 복지향상, 인권옹호, 국가의 장애인 관련 사업 개발을 지원하고 있다. 경계선급 자립 대안학교 이루다학교를 설립하여 운영하고 있으며, 총회, 영유아부모교육사업, 여름캠프, 주말학교, 계절학교 등 아이들과 부모를 위한 다양한 사업을 진행하고 있다.

문 의

 커뮤니티 | **다음카페 '이루다협회'**
https://cafe.daum.net/littlefairy1004

 이루다학교 | **경기교육청 등록대안교육기관**
https://xn--2j1b27ig7n.com/

 전화 | **031-976-0629(이루다학교)**

9 한국희귀질환협회

2022년 희귀질환 및 난치병으로 고통받는 환우들의 생활환경 개선을 위해 여러 희귀질환 및 난치병 환우들이 뜻을 같이하여 결성한 한국희귀질환협회는 희귀질환 및 난치병 환우와 그 가족들에게 의료, 상담, 교육, 후원, 정보교환 등 다양한 서비스를 제공하여 사회적 인식개선과 환우와 그 가족들이 스트레스를 줄여 사회구성원으로서 삶의 질을 높이는데 도움을 주고자 설립되었다.

주요사업

교육연구사업	정기교육 및 세미나, 희귀질환 및 난치병에 관한 통계조사 및 연구
상담사업	전화상담/사이버상담/방문상담
문화사업	가족캠프, 질환별 자조모임, 문화행사 초대
출판홍보사업	잡지발간, 소식지 발행 등
후원지원사업	특수영양식 지원 및 성장단계별 영양식 생산유도 등

문 의

 전화 | **010-8218-3726**

홈페이지 | **http://www.kordis.kr/**

10 전국장애인가족지원센터협의회

전국장애인가족지원센터협의회는 전국 17개 시·도 지역의 75여 개 장애인가족지원센터가 회원으로 참여하는 협의체. 전국장애인부모연대(↗ p.120) 산하 150개 지부 및 지회는 장애인 가족의 권리를 옹호하고, 가족 중심의 복지 사업을 통하여 장애인 가족들이 겪는 경제적, 심리적, 사회적 어려움을 완화하고자 2008년부터 민간차원에서 장애인가족지원센터를 설치 운영해왔으며 2011년에는 센터 사업의 질 제고, 전문가 양성 등을 목적으로 전국장애인가족지원센터협의회를 국내 최초로 설립하였다.

주요사업

- **가족상담 및 사례관리 사업**
- **가족역량강화 사업**
- **휴식지원 사업**
- **교육, 연구 사업**
- **지역사회조직 사업 등**

* 지역센터별 실제 운영하는 사업이 상이할 수 있음.

이용안내

거주지에 가까운 장애인가족지원센터 설치 여부를 확인 후 이용 가능

문 의

 전화 | **02-723-4804**(전국장애인가족지원센터협의회)

 홈페이지 | **https://www.bumo.or.kr**

113

11 장애학생지원센터

장애학생지원센터에서는 장애영역별로 지원 시스템을 갖추고 실질적인 학습권 보장, 편의시설 지원, 비장애학생들과의 통합교육환경 조성, 성공적인 사회전환을 위한 직업교육 및 취업상담지원 등을 지원하고 있다. 장애인 등에 대한 특수교육법에 의거 대학 내에 장애학생을 지원하는 '장애학생지원센터'를 설립 운영할 수 있다. '대학의 장애학생지원센터 운영 지원 사업'은 장애대학(원)생의 학습과 대학생활에 필요한 교육지원인력, 보조기기, 원격 프로그램 운영 지원 등에 소요되는 대학의 경비를 지원하기 위해 2005년부터 교육부가 운영하고 있는 사업이다.

이용안내

대학별 센터 설치 여부 확인 후, 문의

국립특수교육원 에듀에이블
교육부와 국립특수교육원이 장애대학생 대상 정보를 한 곳에서 제공하는 서비스. 장애대학생 진로 및 취업 등에 관한 지원 사업을 비롯해 대학별 기본정보, 대학 입시 정보 등을 확인할 수 있다.

이용방법

에듀에이블 홈페이지(https://www.nise.go.kr)
> 교수학습지원 > 고등교육

12 서울 강남장애인복지관

구술자가 복지관 사업을 이용했을 당시와 달리, 2024년 현재는 관련 프로그램에 다소 변동 사항이 있다. 다만 전문 아티스트와의 1:1 멘토/멘티 시스템으로 진행하는 예술인 육성 프로그램과 장애인 공연예술 경연대회 '퍼포밍 아트 스테이지' 등 유사한 프로그램을 진행 중이다.

한편 강남장애인복지관은 장애 예술가의 주체적 창작 활동을 위한 전문 장애 예술가 육성 사업을 특화사업으로 운영 중이다.

문화예술교육 관련 사업 안내

- **공연예술인 육성** : 연주자 육성, 예술특강, 앙상블, 공연예술 오디션, 합창단
- **공연예술인 지원** : 공연활동지원, 마음힐링 프로그램, 공연연습실 대관, 기획공연, 시각예술인 육성, 시각예술인 지원 등

문 의

 전화 | **02-560-8264**(강남장애인복지관 문화예술기획팀)

 홈페이지 | **www.gangnam.go.kr**

13 발달장애인지원센터
최중증 발달장애인 통합돌봄서비스
발달장애인 긴급돌봄시범사업

발달장애인지원센터

2014년에 발달장애인 권리보장 및 지원에 관한 법률이 제정('15년 시행)되면서 2016년부터 17개 광역시도에 지역발달장애인지원센터(이하 지역센터)가 설치되었으며, 발달장애인의 통합적, 맞춤형 서비스 지원과 그들의 권익옹호를 목표로 지역센터가 운영되고 있다.

🖥 홈페이지 | **https://www.broso.or.kr**
중앙장애아동·발달장애인지원센터

최중증 발달장애인 통합돌봄서비스

최중증 발달장애인이 낮에 재미있는 활동을 할 수 있도록 도와주고, 밤에는 안전하고 편안하게 잘 수 있도록 돌봐준다. 서비스 유형에 따라 제공기관에서 서비스를 이용할 수 있다.

💚 **서비스 유형**
24시간 개별 1:1 지원, 주간 개별 1:1 지원, 주간 그룹 1:1 지원 등
낮에 지역사회 안에서 체육, 요리, 예술, 야외 활동 등 지원

👤 **신청자격**
18세 이상 65세 미만의 발달장애인과 그 가족,
공무원이나 발달장애인지원센터 직원이 대리 신청 가능

이용방법
주민센터에 서비스 제공기관 소재 여부 확인 >
신청서 제출 > 신청자 방문 상담 > 심사를 거쳐 선정

 문의
소재지 발달장애인지원센터 및 주민센터(행정복지센터)

발달장애인 긴급돌봄시범사업

보호자의 긴급한 상황(입원, 경조사, 소진 등) 발생시 돌봄이
필요한 발달장애인에게 일시적(7일 이내)으로 24시간 돌봄을
지원하는 사업

 신청자격
6세 이상 65세 미만의 발달장애인과 그 가족, 보호자의
긴급한 사유 발생 시

 이용방법
이용 3일 전까지 이용예약 가능, 홈페이지
(https://www.broso.or.kr) 및 지역별 발달장애인지원
센터 또는 발달장애인 긴급돌봄센터로 전화 신청

 이용료
1일 3만원(국민기초생활수급자, 차상위계층은 이용료
15,000원 감면)

 문의
거주 지역 발달장애인지원센터 및 발달장애인 긴급돌봄센터

14 경기도 장애인 365일 쉼터

경기도가 운영하는 사업으로, 유휴공간이 있는 장애인 거주시설(단기 거주시설 포함)을 365쉼터로 지정하여 보호자의 입원, 경조사, 여행 등 예상치 못한 상황 발생 시 긴급보호가 필요한 중증장애인에 대한 일시 보호를 제공한다.

이용대상

일시적 보호가 필요한 재가 중증장애인 중 보호자의 병원입원, 경조사 등 불가피한 사유로 긴급 입소가 필요한 경우와 긴급입소 사유를 제외한 사유가 확인된 장애인

 이용료
1일 2만원, 수급자 및 차상위계층은 실비수준 감면 가능

 기간
추가입소기간 포함 최대 30일 이내

 이용료
1일 2만원, 수급자 및 차상위계층은 실비수준 감면 가능

15 한국장애인부모회

한국장애인부모회는 1985년 설립되었다. 장애인부모들이 자녀 양육 및 재활정보를 교환하며 자녀들이 한 사회인으로 정당하게 살 수 있도록 복지사회를 건설하고 국가와 지방자치단체의 힘이 미치지 못하는 부분을 부모들의 힘으로 해결하여 장애인이 불편 없이 생활할 수 있는 환경을 조성, 장애인에 대한 사회적 편견을 개선하기 위한 다양한 사업을 추진하고 있다.

주요사업

- **국고지원사업**
  장애인부모교육지원사업, 장애인가족동료상담사업, 한마음지 발생사업, 전국장애인부모회, 중증장애인직접재활지원사업
- **부모회사업**
  장애인식개선사업, 장애인복지정책건의, 올해의 어버이상 포상, 전국장애학생미술공모전, 장애인공동생활가정운영, 주단기 보호센터 운영 등
- **정책개발연구사업**
- **발달장애인공공후견지원사업 등**

문 의

 전화 | **02-2678-3131**

 홈페이지 | **https://www.kpat.or.kr**

16 전국장애인부모연대

전국장애인부모연대는 지난 2003년부터 시작된 장애인 교육권 연대의 활동으로 시작되었다. 장애 아이들이 다른 아이들과 함께 공부하고, 일상에서 자신이 원하는 것을 선택하며, 지역사회에서 다른 사람들과 함께 생활하고, 장애 자녀와 그 가족이 의미 있는 삶을 살 수 있는 사회를 만들기 위해 부모들이 힘을 모아 만든 단체다.

주요사업

- **정책/입법 활동**
  장애인 권리 증진과 복지 향상을 위한 의제 발굴 및 정책 연구 사업
- **권익옹호사업**
  자기결정증진 프로그램 운영사업, 자조모임 발굴 및 육성 지원사업, 자조모임 간의 협의체 운영 지원 사업 등
- **복지사업**
  발달재활서비스, 발달장애인 주간 활동 서비스 등
- **장애인가족지원센터(↗ p.113) 운영사업**
- **연대사업 등**

문 의

 전화 | **02-723-4804**

 홈페이지 | **https://www.bumo.or.kr**

17 한국장애인고용공단

한국장애인고용공단은 장애인고용촉진 및 직업재활법 제43조 제1항에 의거, 장애인이 직업생활을 통해 자립할 수 있도록 지원하고 사업주의 장애인 고용을 전문적으로 지원하기 위한 목적으로 설립되었다.

주요사업

• **장애인 지원**
  - 온라인 구인구직 지원
  - 고용알선 : 중증장애인지원고용, 장애인 인턴제, 장애학생 취업지원사업, 장애인고용네트워크, 장애인직업생활상담원 등
  - 장애인취업성공패키지   - 범부처 취업지원사업
  - 온라인 취업준비사이트 운영   - 고용지원 필요도 결정
  - 직업능력평가   - 온라인직업심리검사
  - 보조공학기기지원   - 근로지원인 지원사업
  - 장애인 직업영역개발   - 근로장애인 전환 지원
  - 중증장애인 근로자 교통비 지원 등

• **사업주 지원**
  - 장애인고용의무제도
  - 장애인고용부담금
  - 장애인고용장려금 지원
  - 연계고용부담금감면제도 등

문 의

 전화 | **1588-1519, 031-728-7001~3**

🖥 홈페이지 | **https://www.kead.or.kr/**

18 장애예술인지원법

「장애예술인 문화예술활동 지원에 관한 법률」(장애예술인지원법)은 2020년 국내 최초로 제정되었다. 이 법은 장애예술인의 문화예술 활동 지원에 필요한 사항을 정하여 장애예술인의 문화예술 활동을 촉진하고 삶의 질 향상에 이바지하는 것을 목적으로 한다.

법률에 명시된 주요 내용은 제9조(장애예술인의 창작활동 지원), 제9조 의2(장애예술인의 창작물우선구매), 제10조(장애예술인의 참여 확대), 제11조(장애예술인 고용지원) , 제12조(장애예술인의 문화시설 접근성 제고), 제13조(장애예술인 관련 단체의 지원), 제14조(전담기관의 지정 등)이 있다.

19 장애예술인 공공쿼터제

장애예술인공공쿼터제도는 「장애예술인지원법」 제10조 장애예술인 의 참여 확대를 근거로 제안된 제도로, 모든 예술 활동에 장애예술인의 참여를 일정 비율로 정해 의무화하는 제도를 말한다. 2024년 현재, 장애 예술계와 학계 등에서 장애예술인 공공쿼터제도의 도입을 제안하고 있다.

20 장애예술인 고용지원제도

장애예술인 고용지원제도는 「장애예술인지원법」 제11조(장애예술인 고용지원)에 근거하여, 근로 감독을 받기 위해 창작물을 기업에 제출하고 월급을 받는 것을 말한다. 장애인예술연구소에서 발간한 「장애예술인 고용지원제도 연구」에서는 이 제도에 대해 "기업은 장애인을 고용하지 않아서 벌금을 낸다는 사회적 지탄에서 벗어날 수 있고, 장애예술인은 창작활동으로 경제적 안정을 찾을 수 있는 합리적인 제도"로 소개하고 있다.

21 장애예술인 창작물 우선구매제도

국가·지자체·공공기관이 장애예술인이 생산한 창작물을 우선구매하도록 하여 장애예술인의 창작 활동과 시장 진출 활성화를 지원하기 위한 제도다.

「장애예술인지원법」 제9조의2(장애예술인의 창작물우선구매)와 「장애예술인 문화예술 활동 지원에 관한 법률 시행령」 제5조의2, 「장애예술인의 창작물 우선구매에 관한 고시」에 근거한다. 우선구매기관은 관련 법에 따라 구매 총액을 기준으로 해당 연도에 구매하는 창작물의 100분의 3 이상을 장애예술인이 생산한 창작물로 구매하여야 한다.

 전화 | **02-760-9700**(전담기관 : 한국장애인문화예술원)

 홈페이지 | **https://kdac.or.kr**(한국장애인문화예술원)

22 의무공연전시 제도

장애예술인의 지속적이고 자립적인 창작 활동을 통해 예술을 직업으로 영위할 수 있도록, 국공립 공연장, 전시장 등의 기관에서 매년 1회 이상 '정기적으로 장애예술인의 공연과 전시를 개최'해야 하는 제도다.

「문화예술진흥법」 제15조의2, 「문화예술진흥법 시행령」, 「정기 실시 공연·전시에 있어 장애예술인 기여도 등의 산정방법에 관한 고시」에 의거, 대상 기관에서는 장애예술인의 공연·전시 등을 정기적으로 실시하여야 한다.

주요사업

작품 대상범위

① 공연·전시 등의 대상이 되는 작품의 창작에 대해 장애예술인의 기여도가 100분의 50 이상일 것

② 공연·전시 등을 다음 각목의 어느 하나에 해당하는 자가 제작 또는 기획하였을 것

  1) 장애예술인

  2) 장애예술인이 대표자인 법인·단체

③ 장애예술인이 공연·전시 등에 감독, 연출 또는 지휘자로 참여하였을 것

④ 공연·전시 등의 제작, 기획, 기술지원 및 실연 등에 참여한 전체 인원 중 장애예술인의 비율이 100분의 30 이상일 것

 전화 | **02-760-9700**(전담기관 : 한국장애인문화예술원)

 홈페이지 | **https://kdac.or.kr**(한국장애인문화예술원)

23 전국장애인합창대회

주최 |
(사)국제장애인문화교류협회중앙회
↗ p.134, (사)한국장애인음악협회

참가 대상 |
남녀혼성(연령구분없음) 구성된 장애인합창단(비장애인 합창단의 30%이내, 반주자, 지휘자는 제외), 전년도 대회 대상 팀 출연(축하공연 필수)

대회 일정 |
모집 1월 ~ 3월, 지역예선 4월 ~ 9월,
심사선정워크샵 10월, 본선 11월

시상 내역 |
대상(대통령상), 금상, 은상, 동상, 하모니상, 인기상,
화합상, 비전상

신청 방법 |
접수시간 내 이메일 접수

 전화 | **02-2282-7114** (중앙회)

 홈페이지 | **http://ncf1203.or.kr**

23 전국장애청소년예술제

주최 |
(사)한국장애인문화협회 ↗ p.145

참가 대상 |
예술적 재능과 끼가 있는 전국장애청소년(9세 ~ 24세)

대회 일정 |
모집 4월 ~ 6월 중, 대회 7월 중

시상 내역 |
대상, 최우수상, 우수상, 장려상, 입선

경연 부문 |
노래, 전통악기연주, 서양악기연주, 춤&댄스, 미술, 문예창작

신청 방법 |
예술제 참가를 원하는 개인 또는 단체가 각 부문별로
신청서 작성 후 접수

* 대회 일정 및 시상 내역 등과 관련해서는 주최 측의 사정상 변동 사항이 있을 수 있음

 전화 | **02-859-8288**

 홈페이지 | **http://www.bluesky82.org**

24 대한민국장애인예술경연대회 스페셜 K

주최 |
(사)한국장애인문화예술단체총연합회 p.144

참가 대상 |
국내 거주중인 모든 장애인

대회 일정 |
접수 3월 ~ 5월 중, 본선진출 발표 6월 중

시상 내역 |
대상, 최우수상, 우수상, 장려상, 입선

경연 부문 |
클래식, 실용음악, 국악, 무용, 연극&뮤지컬

신청 방법 |
홈페이지 및 전화 문의

* 대회 일정 및 시상 내역 등과 관련해서는 주최 측의 사정상 변동 사항이
있을 수 있음

전화 | **02-304-6211**

홈페이지 | **http://www.fdca.or.kr**

25 TJB 전국장애학생음악콩쿠르

주최 |
대전방송(TJB)

참가 대상 |
개인(전국 특수학교(급), 일반학교 재학 중인 초·중·고등학생)
단체(전국 특수학교(급), 전국 장애인 시설 및 음악 관련 장애인 단체)

대회 일정 |
접수 8월 중, 예선 동영상 심사, 본선 9월 중,
시상식 및 갈라콘서트 11월 중

시상 내역 |
대상(교육부 장관상), 금상, 특별상, 지도자상(교육부 장관상) 등

경연 부문 |
국악성악, 성악, 피아노, 관현악, 국악기악, 단체 등

신청 방법 |
대전방송(TJB) 홈페이지 및 전화 문의

* 대회 일정 및 시상 내역 등과 관련해서는 주최 측의 사정상 변동 사항이 있을 수 있음

 전화 | **042-281-1137**(대전방송 미디어사업팀)

 홈페이지 | **www.tjb.co.kr**

26 이음가요제

주최 |
(사)빛된소리글로벌예술협회 ↗ p.137

참가 대상 |
장애인 및 비장애인 남녀노소 누구나(단, 예선을 통과한 비장애인
참가자는 장애인과 팀을 결성해 본선 진출해야 함)

대회 일정 |
접수 7월 ~ 8월 중, 본선 9월 중

시상 내역 |
대상, 금상, 은상, 동상
(입상자에게는 한국장애인국제예술단 정단원 특전 부여)

신청 방법 |
서류접수(신청서, 노래 동영상) > 1차 서류심사
> 2차 동영상 심사 > 본선

* 대회 일정 및 시상 내역 등과 관련해서는 주최 측의 사정상 변동 사항이
  있을 수 있음

전화 | **02-6737-0900**

홈페이지 | **http://bitsorii.co.kr**

27 전국청소년음악경연대회

주최 |
NewDaily

참가 대상 |
만 14세 이상 ~ 만 24세 이하 청소년

대회 일정 |
모집 5월 ~ 6월 중, 1차 심사 6월 중, 2차 심사 7월 중,
본선 준비 멘토링 7월 ~ 8월 중, 본선 8월 중

시상 내역 |
대상, 금상, 은상, 특별상, 장려상
(대상 수상곡의 경우 정식 음원 발매 지원 특전)

신청 방법 |
홈페이지 접수, 미발표 창작 한 곡의 음원 파일 및 실연 영상 URL 제출

* 대회 일정 및 시상 내역 등과 관련해서는 주최 측의 사정상 변동 사항이 있을 수 있음

 전화 | 이메일 **gkstjvn@naver.com**

 홈페이지 | **https://www.mzmusic.co.kr**

28 대한민국장애인문화예술대상

장애인문화예술의 각 분야별 5년 이상의 경력과 활동으로 장애인
문화예술 발전에 기여한 장애문화예술인 및 단체들에게 장애인
문화예술상을 통하여 장애문화예술인 및 단체들의 사기를 고취
시키고, 사회적인 장애인 문화예술 활동 인식제고와 전문예술인
으로서 높은 긍지와 자부심을 가지고 지속적인 국위선양에 이바지
하도록 하기 위해 제정되었다.

주   최 │ (사)한국장애인문화협회 ↗ p.144
참가 대상 │ 장애문화예술인 및 단체
대회 일정 │ 접수 4월 ~ 7월 중, 시상 11월 중
시상 내역 │
1. 대상 (대통령 표창)
2. 우수상(국무총리 표창)
3. 본상 부문 (문화체육관광부장관 표창)
   : 문학, 미술, 음악, 대중예술 부문
4. 공로상 부문 : 육성 부문(헌법재판소 표창), 지원 부문(국회의
   장상), 신인상(서울특별시장 표창), 장한어버이상(한국장애
   인문화예술원 표창), 특별상(발굴)(주최 기관장 상)
신청 방법 │
발굴 및 신청 : 개인 / 기초지자체(시 군 구) / 기관 단체산하지부
서류검토 후 주관기관에 추천
: 광역지자체(시 도) / 개별기관 및 단체 / 단체 시 도협회
1차 심사 후 문체부에 추천 : 주관기관(선정위원회)
2차 심사 후 행정자치부에 보고 : 문화체육관광부(심층 심사)
최종심의 후 포상 : 문화체육관광부

* 대회 일정 및 시상 내역 등과 관련해서는 주최 측의 사정상 변동 사항이
  있을 수 있음

전화 │ **02-859-8288**

홈페이지 │ **http://www.bluesky82.org**

29 삼성디스플레이 볼레드합창단

볼레드합창단은 2017년 삼성디스플레이의 후원 아래 창단되어 충청남도사회복지협의회가 운영하는 발달장애청소년 합창단이다. 발달장애청소년들의 재능을 발굴하고 사회로의 한 걸음을 내디딜 기회를 마련하기 위해 창단되었다. 매년 소외계층 자립지원 기금 마련을 위한 작은 음악회, 버스킹 공연, 정기공연 등을 선보이고 있다.

단원모집

- **필요시 수시모집**
- **접수방법**
  이메일(voled.sdc@gmail.com) 접수
- **제출서류**
  지정곡, 자유곡 동영상 각 1개, 신청서, 개인정보수집이용동의서 1부
- **전형일정**
  서류 및 영상 이메일 접수 > 1차 오디션 > 2차 오디션(학부모 인터뷰) > 3차 오디션 대상자 개별 안내 > 3차 오디션(실기심사 및 지원자와 학부모 인터뷰) > 최종 합격 발표(개별 안내)

* 단원 모집과 관련해서는 운영사 측의 사정상 변동 사항이 있을 수 있음

 전화 | **070-4099-5672**
(충청남도사회복지협의회 볼레드합창단 사무국)

 홈페이지 | **http://cncsw.or.kr**

30 한국장애인국제예술단

한국장애인국제예술단은 장애인문화예술 향수권의 신장과 문화
예술을 통한 장애인예술가라는 새로운 직업 창출을 이루어내어
장애인들에게 문화예술을 통한 일자리를 제공하고 새로운 인재를
발굴하여 장애인예술가로 육성하며 사회구성원으로 자리잡게
하기 위해 2008년 창단되었다.

주요사업

- 한국장애인국제예술단 정규 앨범 발매
- 창작뮤지컬 제작
- 드림콘서트, 동화콘서트 개최

문 의

 전화 | **02-6737-8005**

 홈페이지 | **http://www.idok.co.kr**

31 (사)국제장애인문화교류협회

본 협회는 장애인 문화예술에 관한 국내 및 국제간의 교류를 주도하며 각종 장애인 문화사업을 조성하여, 장애인문화발전에 기여하고자 1987년 창립 하여 38년간 다양한 문화사업을 추진하고 있습니다.

주요사업으로 국내외 장애인이 함께하는 국제장애인문화엑스포, 문화예술 캠프 및 문화세미나 및 예술제 개최, 장애인합창단을 육성 발전을 위한 전국장애인합창대회 개최, 장애인에게 문화예술 참여의 기회를 제공하고자 장애인 문화학교 및 해외 장애인예술단과의 교류를 통해 단체와의 교류를 통해 장애인 문화예술을 발전시키는데 기여하고 있습니다.

주요사업

- 국제교류
- 2018 한중일 미술교류전
- 전국장애인합창대회 ↗ p.125
- 국장협문화예술학교
- 국제장애인문화엑스포
- 음악회 및 기타 문화활동

문 의

 전화 | **02-2282-7114**

 홈페이지 | **www.nanum.tv**

32 포스코 1% 나눔재단의 '만남이 예술이 되다'

포스코 1% 나눔재단은 1% 나눔문화를 확산시키는 다양한 공익 활동을 전개함으로써 포스코그룹과 지역사회의 지속가능한 성장을 도모하기 위해 설립되었다.

<만남이 예술이 되다>는 포스코 1% 나눔재단의 주요사업 중 하나로 우리 주변 장애예술인들의 대중화를 위해 그들의 예술 활동을 지원하는 사업이다. 뛰어난 예술적 능력을 갖추고도 널리 알려지지 않은 장애 예술인들의 일상과 예술 활동을 유명인과 협업을 통해 영상으로 제작해 대중화를 지원한다. 영상콘텐츠는 유튜브 채널 '포스코 TV'에서 공개된다. 이밖에도 장애인 디지털 아카데미, 장애인 맞춤형 보조기구 지원 등 장애인의 자립 지원과 관련된 사업을 운영한다.

문 의

 전화 | **02-3457-1002**

 홈페이지 | **https://www.poscofoundation.org/**

33 스페셜K예술단 'S-Teller'

스페셜K예술단 'S-Teller'는 사단법인 한국장애인문화예술단체총연합회
가 개최하는 대한민국장애인문화예술경연대회 어워즈 수상 경력을 가진
장애예술인 중 매년 오디션을 통해 선발된다. 스페셜K예술단 'S-Teller'은
주로 해외 공연을 통해 한국의 장애인문화예술을 세계 무대에 알리는
역할을 하고 있다.

문 의

 전화 | **02-304-6211**

🖥 홈페이지 | **http://www.fdca.or.kr**

34 세종시교육청 장애인예술단 '어울림'

세종특별자치시교육청에서 운영하는 중증장애인예술단 '어울림'은 중증
장애인의 새로운 일자리 확대 및 문화예술 공연을 통해 장애인에 대한
인식을 개선하기 위해 2022년 3월 창단했다. 2022년 1월과 2023년 12월
단원 모집을 통해 구두와 실기 면접을 거쳐 합격한 7명의 단원이 활동
하고 있다. 단원은 모두 성인 발달 장애인이며 드럼, 엘렉톤, 오카리나,
클라리넷, 해금, 보컬(민요, 가요) 등 악기 연주와 노래에 전문성이 있는
단원으로 구성되어 있다.

문 의

 전화 | **044-320-5122**(세종시교육청 특수교육담당)

35 (사)빛된소리글로벌예술협회

2008년 한국장애인국제예술단을 모토로 2015년 문화체육관광부의 허가를 받아 설립한 전문 문화예술법인으로 장애인문화예술의 경쟁력 확보와 균형적 발전, 장애인 인식개선 사업을 위해 장애인문화예술가의 육성 및 콘텐츠 창작에 기여하고 있다.

주요사업

- 장애인과 비장애인이 함께 하는 문화가 있는 날 기획
- 이음가요제 개최 ↗ p.129
- 뮤지컬, 클래식, 대중가수, 무용 팀 구성 문화예술을 통해 장애인식개선 활동
- 이음바자회, 더불어콘서트, 세상에 하나뿐인 전시, 국제사업 등
- 유튜브 채널 운영 등

문 의

 전화 | **02-6737-0900**

 홈페이지 | **http://bitsorii.co.kr**

36 사회적협동조합 드림위드앙상블

드림위드 앙상블은 2015년 문화체육관광부로부터 전문예술 법인인가를 받은 국내 최초 발달장애 전문 연주단체이다. 드림위드 앙상블의 단원은 모두 4대 보험에 가입된 정규직으로 채용되어 있다. 드림위드 앙상블은 전문 연주 실력을 갖춘 발달장애 연주자들이 사회의 일원으로서 경제적으로 독립된 주체로 살아가고 나아가 지역사회에도 공헌할 수 있기 위해 설립되었다.

주요사업

- 초청공연 : 스토리가 있는 연주, 테마 기획 연주, 초청 연주 등
- 직장 내 장애인 인식 개선 교육
- 맞춤형 음악교육
- 사회공헌활동
- 해외공연 및 정기연주회

교육생 모집

- **모집분야**
  드림위드앙상블 아카데미 교육생(클라리넷색소폰, 트럼펫트럼본), 빅밴드 단원
- **모집기간**
  11월~12월 중
- **접수방법**
  드림위드앙상블 홈페이지 접수(자세한 사항은 홈페이지에서 확인 가능)

문 의

전화 | 031-718-5458

홈페이지 | https://www.dreamwith.or.kr

37 (사)한국장애예술인협회

(사)한국장애예술인협회는 장애인예술의 주체인 장애예술인의 창작 활동 활성화와 복지를 위해 우리나라 장애예술인의 권익 보호와 창작 및 표현 환경 조성을 위한 지원을 목적으로 2009년 설립되었다.

주요사업

- 장애인예술전문잡지 『E美지』 발간
- 장애예술인자서전 『누구?!시리즈』 발간
- 본격 장애인문화 평론지 『솟대평론』 발간
- 인문학토크콘서트 확산
- 장애인문화예술 연구사업 확대
- 장애예술인 연구보고서 발간
- 장애인예술 美캠페인 '모두의 예술' 주최
- 장애예술인 수첩 발간
- 구상솟대문학상 & 제6회 이원형어워드 등

문 의

🔍 전화 | **02-861-8848**

🖥 홈페이지 | **www.emiji.net**

38 (사)한국발달장애인문화예술협회 아트위캔

아트위캔은 장애를 가졌다는 이유로 그들의 특별한 꿈을 제대로 펼치지 못하는 장애아티스들의 기반을 다져주고자 2013년 7월 창립된 단체다. 전국의 음악을 전공하고 있거나 전공한 발달장애아티스트들은 모두 회원으로 가입할 수 있으며 아트위캔에서는 장애아티스들을 위한 음악 교육 및 연주활동 기회를 제공하고 있다. 시각장애아티스트들은 특별 회원으로 가입이 가능하다.

주요사업

- 발달장애인 작가의 상품 판매(패션잡화, 공연 등)
- 클래식, 실용음악, 국악 등 다양한 연주그룹
- 발달장애디자이너 양성사업
- 각종 공연 운영 및 개최
- 음악 전공한 성인기의 발달장애 음악인의 공연 및 직업 연계사업
- 후원사업 등

문 의

 전화 | **02-717-4336**

 홈페이지 | **http://www.artwecan.or.kr/**

39 충남문화관광재단

충남문화관광재단은 2024년 1월 충남의 문화예술진흥과 지역 관광산업 진흥의 중추적 역할을 수행하기 위해 충남문화재단, 충남관광재단, 백제문화제재단이 통합 출범하였다.

충남문화관광재단은 장애의 단계별 지원시스템을 통한 잠재적 장애예술인 발굴·육성 및 모두를 위한·차별없는 충남 장애예술 생태계 조성을 위해 장애예술 지원사업을 운영하고 있다.

주요사업

- 장애예술인 지원사업(예술창작지원/임차료 지원) : 공모를 통해 예술 창·제작 기반 및 활동 지원
- 장애인 예술교육 지원사업 : 공모를 통해 운영기관 선정 및 발달장애인 예술교육 지원

* 단, 공모사업은 매년 상이할 수 있으니 홈페이지 및 전화 문의 필수

문 의

 전화 | 041-630-2934

 홈페이지 | https://www.cnctf.or.kr

40 한국장애인문화예술원

한국장애인문화예술원은 '장애인의 문화예술 활동 활성화'를 통해 장애인문화예술 분야 발전에 기여하고자 2015년에 설립되었다. 2020년 '장애예술인 문화예술 활동 지원에 관한 법률'이 시행되었고 2022년 '제1차 장애예술인 문화예술 활동 기본계획'이 수립, 발표되었다. 장문원은 이를 바탕으로 공정하고 안정적인 지원체계를 구축하고, 창작지원의 다각화 및 유통 활성화 지원은 물론, 장애인 비장애인 모두 수준 높은 '장애예술'에 대한 문화 향유를 누릴 수 있도록 관련 정책을 개발하고 제안하는 정책기관이다.

주요사업

- **창·제작 및 향유 지원 사업(장애예술활성화지원)**

  공모를 통해 예술 창·제작 기반 및 활동, 문화예술향유, 문화예술교육, 국제교류, 아트페어, 특성화축제 등의 프로그램 지원. 거점형 장애예술 특성화, 유명예술지원, 장애인예술단체 육성 지원

- **문화예술교육 및 인력양성 사업**

- **장애예술인 접근성 및 활동기반 강화사업**

- **교류·협력 사업**

- **문화예술공간 운영**

  *이음센터 : 아트홀, 갤러리, 연습실, 야외무대 등 장애 예술인을 위한 공간 운영 및 대관을 통해 장애인 문화예술 활동에 기여(대관 문의 : 02-760-9717~8)

  *모두예술극장 : 장애예술인들의 창작, 육성, 교류 활동을 위해 조성된 국내 첫 장애예술 공연장(https://www.moduarttheater.or.kr)

- **장애예술 관련 공모사업**

  장애인예술단 창단 및 운영지원사업, 무장애 문화향유 활성화 지원사업(단, 공모사업은 매년 상이할 수 있으니 홈페이지 및 전화 문의 필수)

- **웹진 '이음'**

  한국장애인문화예술원이 매달 발행하는 웹진으로 최근 장애인 예술의 정보와 동향 수록(https://www.ieum.or.kr)

문 의

 전화 | **02-760-9700**

 홈페이지 | **https://kdac.or.kr**

41 (사)한국장애인문화예술단체 총연합회

대한민국의 장애인 문화예술 단체를 대표하는 문화체육관광부 산하 법인으로, 장애인 예술가들이 당당하게 수월성을 높이며 전문 예술가로 나날이 역량 강화해 성장해 나갈 수 있도록 지원하고 육성하는 사업들을 진행하고 있다.

주요사업

- 장애인문화예술축제 'A+ FESTIVAL'
- 대한민국장애인예술경연대회, 스페셜K ☞ p.125
- 대한민국장애인 문학상 · 미술대전
- 장애인창작 아트페어
- 국제장애인 미술교류
- FDCA 아카데미
- A+ Culture Market
- 손으로 보는 우리역사

회원단체

(사)한국장애예술인협회, (사)한국장애인미술협회, (사)국제장애인문화교류협회, (사)수레바퀴재활문화진흥회, (사)한국장애인문화협회, (사)빛소리친구들, (사)한국장애인공연예술단, (사)한국장애인서예협회, (사)꿈틔움, (사)우리들의 눈, (사)빛된소리글로벌예술협회

문 의

 전화 | **02-304-6211**

 홈페이지 | **http://www.fdca.or.kr**

42 (사)한국장애인문화협회

한국장애인문화협회는 장애인 및 문화예술소외계층의 문화와 예술 저변확대를 위해 노력하는 사단법인 비영리 단체이다. 협회는 모든 계층이 누릴 수 있는 '문화복지' 프로그램들을 개발하여 장애인들을 비롯한 소외계층에 제공하고, 신체 장애인들이 문화에서 권리를 확보할 수 있도록 장애인 전문 문화 프로그램들은 물론, 전국의 모든 매체들을 활용하여 밝고 건강한 장애인들의 참 모습을 재인식시키는데 기여함을 목적으로 한다.

주요사업

- 대한민국장애인문화예술대상 ↗ p.131
- 나눔 연극제
- 전국장애청소년예술제 ↗ p.126
- 지역문화축제체험대회
- 장애인문화예술지원
- 희망의문화예술도구나눔운동
- 월간 나눔과문화 발간
- 사회공헌활동 등

문 의

 전화 | **02-859-8288**

 홈페이지 | **http://www.bluesky82.org**

43 (사)뷰티플마인드

사단법인 뷰티플마인드는 음악을 통해 세상에 조금이라도 다가가고자 만들어진 단체다. 2006년부터 음악인들의 재능기부와 기업인들의 사회참여 등 나눔 문화를 이끌며 전 세계의 소외된 이웃에게 위로와 사랑을 전하는 활동을 꾸준히 해오고 있다. 특히 장애 및 비장애 저소득층 아동 청소년 인재들을 발굴하여 전문예술인으로 양성해 온 뷰티플마인드 뮤직아카데미는 장애예술인을 꿈꾸는 장애 청소년들을 위한 등용문 역할을 해오고 있다.

주요사업

- **뷰티플 콘서트**
  설립 이후 2023년까지 총 77개국 112개 지역에서 443회 공연 개최 등
- **뷰티플마인드 뮤직아카데미**
  장애인 예비 예술인 및 문화 소외계층을 위한 무료 음악 교육 프로그램 운영. 매년 총 4학기 운영, 피아노, 현악, 관악, 성악, 작곡, 국악 분야 등
- **뷰티플마인드 오케스트라**
  뮤직아카데미 학생들의 연주 실력 향상과 공동체 정서 함양 및 사회성 향상을 위해 창단된 오케스트라
- **뷰앙상블**
  장애예술인의 일자리 문제 해결을 위한 뷰티플마인드 취업연계 프로그램
- **뷰티플 액션**
  뷰티플마인드 회원과 후원자가 함께 봉사활동을 체험하며 이웃 사랑을 실천하는 프로그램 등

문 의

 전화 | **02-772-9961**

홈페이지 | **http://beautifulmindcharity.org**

44 스페셜올림픽코리아

스페셜올림픽코리아는 1978년 한국특수올림픽위원회라는 비영리 단체로 출발하여, 2015년 대한지적장애인스포츠협회, 사랑나눔위캔과 통합하며 명실상부 발달장애인 스포츠 문화예술 대표기관으로 발돋움하였다. 스페셜올림픽코리아는 스페셜올림픽 국제본부와 국제지적장애인스포츠연맹에 가입된 가맹단체다. 한국대표로 국제대회에 참가할 수 있는 맴버십과 더불어 국내에서 발달장애인을 위한 스포츠 대회를 개최, 운영할 권한을 갖고 있다.

주요사업

- **스포츠**
  국제대회참가 및 국내대회 개최, 통합스포츠단 지원, 국제 통합스포츠 대회 참가 등

- **문화예술**
  국제 스페셜 뮤직 & 아트페스티벌 개최, 스페셜올림픽 미술대회, 두드림페스티벌, 국내외 공연 참가 지원 등

- **커뮤니티**
  유아체육프로그램, 청소년리더십 프로그램, 가족/자원봉사 위원회

- **인식개선**
  슈퍼블루캠페인, 슈퍼블루마라톤 등

문 의

 전화 | **02- 447-1179**

🖥 홈페이지 | **https://sokorea.or.kr**

45 박동진판소리전수관

인당(忍堂) 박동진 판소리전수관은 1998년 11월 23일 박동진 명창의 소리를 잇고 후진을 양성하기 위해 충청남도와 공주시의 지원으로 공주시 무릉동에 건립되었다. 전수관의 주요 활동으로는 전문적인 소리꾼 배출을 위한 전수 교육을 가장 먼저 꼽을 수 있다. 박동진 명창이 타계한 이후 수제자 김양숙 선생이 제자들을 가르치고 있다. 판소리의 대중화를 위해 일반시민을 대상으로 연수 교육이나 판소리 체험교육 등을 실시하는 것도 전수관의 중요한 활동이다.

주요사업

- 박동진 명창명고 대회 개최
- 판소리 전수 교육
- 판소리 교육/체험 프로그램 운영 : 일반 학생 대상

문 의

 전화 | **041-858-0045**

 홈페이지 | **https://parkdongjin.gabia.io**

46 사단법인 한국전통민요협회 경기민요전수관

국가무형유산 경기민요 보유자 이춘희 명창이 설립한 한국전통민요협회는 경기민요의 전승, 보급, 발굴 등을 위해 다양한 활동을 하고 있다.

주요사업

- 경기민요의 전승, 보급, 발굴
- 국내외 공연 및 경연대회, 강습(강좌) 개최
- 경기민요의 연구조사 및 자료발간 지도자 양성
- 전통문화예술의 해외교류증진
- 전통국악으로서의 예술성 홍보와 대중화
- 학점은행제 실시
- 기타 협회의 설립목적 수행에 필요한 사업 등

문 의

 전화 | **02-529-1550**(서울 본회)

 홈페이지 | **http://www.koreansori.co.kr**

「예술가를 꿈꾸는 장애인을 위한 로드맵」

국악인 이지원

에헤라디야,
함께 가자

4부

~~~

이지원의 성장 로드맵

한눈에 보는 이지원의 생애연표 및 성장로드맵

이지원의 예술 활동 경력

한눈에 보는 이지원의 생애연표 및 성장로드맵

이지원의 예술 활동 경력

[수상 내역]
2009년~2013년 공주교대부설초등학교
2009   제10회 박동진 판소리 명창·명고대회 판소리부문 초등부 장려상
2010   제17회 박팔괘! 전국학생국악대제전 판소리부문 참방
        (충북국악협회 주최 청주국악협회 주관)
2010   제13회 공주시학생국악경연대회 종합부문 최우수상
        ((사)한국국악협회공주시지부 주최)
2012   제13회 박동진 판소리 명창·명고대회 판소리부문 초등부 우수상
2012   제11회 전국초등학생 및 초등교사 국악경연대회 학생개인 성악부문
        최우수상(전주교육대학교 주최)
2013   제16회 전국청소년민속경연대회 가창부문 은상
        ((사) 대한청소년충효단연맹 주최)

2014 – 2016 우성중학교
2014   제8회 전국아리랑경창대회 중·고등학생부 동상
2014   제1회 부여백제전국국악경연대회 중등부 우수상
        ((사)한국국악협회 충청남도지회 주최·주관)
2015   제9회 전국아리랑경창대회 중·고등학생부 은상
2015   제1회 세종전국국악경연대회 중등부 우수상
2016   제2회 부여 백제 전국 국악경연대회 중등부 민요분야 장려상
        ((사) 한국국악협회 충청남도지회 주최·주관)
2016   제1회 균화지음 전국 국악경연대회 중등부 우수상(세종문화원 주최)

2017 –2019 공주여고
2017   제10회 전국 장애학생 음악콩쿠르 한국음악 성악부문 대상(교육부 장관상)
2017   제5회 대한민국장애인예술경연대회 스페셜K 국악부문 은상
        ((사)한국장애인문화예술단체총연합회 주최)
2017   제5회 대한민국장애인예술경연대회 스페셜K 심사위원장상
        ((사)한국장애인문화예술단체총연합회 주최)
2017   제10회 전국장애청소년예술제 대상(문화체육관광부 장관상)
2017   제1회 사운더블 발달장애청소년 음악콩쿨 최우수상((사) 아르크 주최)
2017   제10회 특수학교(급) 콩나물콘서트 동상(우석대학교 특수교육과 주최)
2017   제10회 전국 장애학생 음악콩쿠르 한국음악(성악) 부문 금상
2017   제10회 전국장애청소년예술제 대상((사) 한국장애인문화협회 주최)

2018	일본 동경 골드콘서트 특별상
2018	(사)빛된소리글로벌예술협회 제3회 이음가요제 은상(동생 이송연과 듀엣 참가)
2018	제6회 대한민국장애인예술경연대회 스페셜K 국악부문 동상
2018	제2회 동부민요·아리랑 전국경연대회 학생부 장려상((사)한국동부민요보존회 주관)
2018	제57회 충청남도 공주지역 중·고등학생 음악경연대회 독창 부문 은상
2018	제26회 대전전국국악경연대회 장애인부 우수상
	((사)한국국악협회 대전광역시지회 주최)
2019	제7회 대한민국장애인예술경연대회 스페셜K 실용음악부문 금상
2019	제7회 대한민국장애인예술경연대회 스페셜K
	한국장애인문화예술단체총연합회 상임대표상
2019	제1회 발달장애인자기주장대회 최우수 강사상(장애인문화예술축제 주최)
2019	전국장애인근로자재능경연대회 최우수상
2019	제58회 충청남도 공주시 중·고등학생 음악경연대회 독창부문 장려상
2019	제27회 대전전국국악경연대회 장애인부 전통성악 대상
	((사)한국국악협회 대전광역시지회 주최)

2020-2023 나사렛대

2020	자랑스러운 충남인상(충청남도지사상)
2020	제24회 올해의 장애인상(대통령상)
2021	나사렛대학교 총장상
2021	충남의 노래 전국경연대회 동상(민요자매와 고라니밴드)
2021	제8회 문학상 경기12잡가·기악 전국 국악경연대회 민요일반부 대상
2021	제20회 복사골 전국국악경연대회 민요(일반부) 대상
2022	제7회 이음가요제 금상((사)빛된소리글로벌예술협회 주최)
2022	제2회 CTS 국제 찬송가 경연대회 우수상(민요자매)
2022	2022 무안 전국 장애인 승달국악대제전 일반부 우수상
	(무안군, (사)승달우리소리고법보존회 공동주최)

2024 중앙대 국악교육대학원

2024	제10회 통일기원 세종전국 국악경연대회 일반부 민요부문
	최우수상((사)한국보훈선양예술협회 주최)
2024	제44회 장애인의날 장애인식개선 공모전 우수상(공주시장애인가족지원센터 주최)
2024	전국청소년음악경연대회 장려상(민요자매)
2024	전국동구리전통민요경창대회 대학부 장려상(3등)

[표창]

2017   2017년 제1회 충청남도 장애인예술제 표창장
       (국회의원, 아산교육지원청교육장)((사)국제장애인문화교류 충청남도협회 주관)
2017   공주여자고등학교 교장 표창장
2018   공주여자고등학교 교장 다독학생부문 표창장
2019   충청남도교육감 표창장
2019   충청남도천안교육지원청교육장 표창장
2020   (사)한국장애인문화협회 회장(활동가)상 표창
2024   고용노동부장관 표창

[단원 위촉]

2022   CTS 찬양선교단 찬양선교사 위촉(민요자매)
2024   (사)한국장애인문화예술단체총연합회 스페셜K예술단 일반단원 위촉
       (2024.4-12)
2024   한국장애인국제예술단 정단원(2024.5.-12)

[홍보대사 위촉]

2017   (사)좋은이웃중앙회 홍보대사
2018   (사)한국장애인문화협회 홍보대사 (2018.6-2020.6)
2019   장애인문화예술축제 A+ 페스티벌 홍보대사(2019.7-2019.12)
2020   2020계룡세계군문화엑스포 홍보대사 위촉(2020-2022)
2021   국립충청국악원 공주 유치 홍보대사 위촉(민요자매)
2021   세계유산축전 백제역사유적지구 홍보대사 위촉(민요자매)(2021.7-8)
2021   한길복지재단 홍보대사 위촉(민요자매)
2021   2021장애인문화예술축제 A+ 페스티벌 홍보대사 위촉
       (2021.6-2021.12)((사)한국장애인문화예술단체총연합회 주최)
2022   충청남도 대표 청소년어울림마당 청소년 SDGs 홍보대사 위촉
2024   (사)한국국악협회 대전광역시지회 경기민요 홍보대사 위촉
2024   충남청소년수련시설협회 홍보대사 위촉
2024   한국장애인고용공단 홍보대사 위촉(민요자매)(2024.6-2026.6)

[장학생 선발]

2013   (재)충청남도인재육성재단 충남인재육성장학생 선발 예체능부문
2017   (재)충청남도인재육성재단 충남의 인재 재능키움(고등부) 장학생 선발
2019   (재)공주시한마음장학회 장애인자녀장학생 선발
2020   충청남도인재육성재단 예체능공연활동지원장학생 충남의 인재 선발

2021	쌍용곰두리장학생 선정(예체능)
2021	(재)충청남도인재육성재단 재능키움 장학생 선발
2022	한국장학재단 예술체육비전장학생 선발
2022	명학장학회 장학생 선발
2023	백제체육장학회 장학생 선발

[기타]

| 2022 | 장애예술인 일자리 직무개발 사업 아트스토리 전문직업예술교육수료 |
| | ((사)한국장애인문화예술단체총연합회 주최) |

[부모 수상내역]

2017	장한어버이상(이영식·곽진숙, TJB, 삼성전기 주최 전국장애학생음악콩쿠르)
2019	자랑스러운 어머니상(곽진숙, 자랑스러운한국장애인상위원회)
2021	장한어버이상(곽진숙, 대한민국장애인문화예술대상)
2022	문화체육관광부 장관상(이영식, 국제장애인문화예술교류대회)
2022	보건복지부장관 표창장(이영식, 제24회 전국장애인지도자대회)
2023	예술가의 장한 어버이상(곽진숙, 문화체육관광부 장관상)

참고문헌

류승연, 『사양합니다, 동네 바보형이라는 말』, 푸른숲, 2018
오연수, 「장애아동 어머니가 겪는 편견 및 차별경험 극복과정」, 『한국콘텐츠학회논문지』,
19(2), 2019
손재익, 「장애아동 아버지의 양육참여도와 어머니의 양육스트레스가
어머니의 양육효능감에 미치는 영향」, 한국유아특수교육학회, 『유아특수교육연구』,
10(3), 2010. 재인용.
시모 베라스, 리타 미에툴라 외, 『아무일도 없는 삶』, 쌤스토리, 2024
박승희, 『한국 장애학생 통합 교육 : 특수교육과 일반교육의 관계 재정립』, 교육과학사,
2003
고정욱 글, 김도아 그림, 『민요자매와 문어래퍼』, 다림 출판사, 2020
장애인예술연구소, 『장애예술인 고용지원제도 연구』, 도서출판 솟대, 2024
조안 C. 트론토, 『돌봄 민주주의』, 박영사, 2023

강혜민, 발달장애인 학부모 교사 모여 "교육부, 통합교육 위한 개혁 나서라", 비마이너,
2023.08.07일자, https://url.kr/x4kavj(최종검색일 2024.09.23)
이해영, 「일반학생을 대상으로 하는 장애인식개선 수업의 실제」, 현장특수교육 웹진,
2016 제23권, https://vvd.bz/fHqn(최종검색일 2024.09.25)
'장애인예술연구소, '장애예술인 고용지원제도 연구' 발표', 소셜임팩트뉴스,
2024.01.30일자, https://url.kr/fn2epk(최종검색일 24.09.30)

서울아산병원 홈페이지 www.amc.seoul.kr/asan
서울대학교 어린이병원 홈페이지 https://child.snuh.org/main.do
국립무형유산원 https://www.nihc.go.kr/

* 3부 〈예비 장예술인을 위한 정보〉에 수록된 내용의 출처에 대한 참고문헌 및
  사이트는 주최측 홈페이지 표기로 갈음합니다.

초판 1쇄 발행 2024년 12월 30일

발행인 김태흠
발행처 충남문화관광재단(대표이사 서흥식)
글쓴이 우현선
기획총괄 이지원
기획운영 손지영, 조혜빈

펴낸곳 내포문화사
출판등록 제2005-000002호
주소 31776 충남 당진시 먹거리길 120-46
전화 041)356-5589
팩스 041)356-5584
E-mail nae-po@hanmail.net

값 12,000원
ISBN 978-89-98562-40-3

* 본 도서는 충청남도, 문화체육관광부, 한국장애인문화예술원의 후원을 받아
  2024 충남 장애예술 지원사업의 일환으로 충남문화관광재단이 제작하였습니다.